WHAT EVERY SCIENCE STUDENT SHOULD KNOW

理工生
必须知道的那些事儿

【美】贾斯汀·鲍尔
【美】金有晶
【美】安德鲁·苏瑞克   著
【美】丹尼尔·李
慕媛媛　薛向辉　译

中国科学技术大学出版社

安徽省版权局著作权合同登记号:12181839号

What every science student should know, © 2016 by Justin L. Bauer, Yoo Jung Kim, Andrew H. Zureick, and Daniel K. Lee.
All rights reserved.
The simplified Chinese edition for the People's Republic of China by arrangement with The University of Chicago Press, Chicago, Illinois, USA.
© The University of Chicago Press & University of Science and Technology of China Press 2018.
This book is in copyright. No reproduction of any part may take place without the written permission of The University of Chicago Press & University of Science and Technology of China Press.
The edition is for sale in the People's Republic of China (excluding Hong Kong SAR, Macau SAR and Taiwan Province) only.
简体中文版仅限在中华人民共和国境内（香港、澳门及台湾地区除外）销售。

图书在版编目(CIP)数据

理工生必须知道的那些事儿/(美)贾斯汀·鲍尔（Justin L. Bauer）等著；慕媛媛，薛向辉译. —合肥：中国科学技术大学出版社，2018.12
ISBN 978-7-312-04462-5

Ⅰ.理… Ⅱ.①贾…②慕…③薛… Ⅲ.①高等学校—理科(教育)—学习方法 ②高等学校—工科(教育)—学习方法 Ⅳ.① G648.2 ② G642.3

中国版本图书馆CIP数据核字(2018)第196305号

出版	中国科学技术大学出版社
	安徽省合肥市金寨路96号,230026
	http://press.ustc.edu.cn
	https://zgkxjsdxcbs.tmall.com
印刷	安徽国文彩印有限公司
发行	中国科学技术大学出版社
经销	全国新华书店
开本	880 mm×1230 mm　1/32
印张	7.625
字数	199千
版次	2018年12月第1版
印次	2018年12月第1次印刷
定价	49.00元

序

当前，我国正处于建设创新型国家的决定性阶段，需要一大批优秀的科技创新人才。高校作为科技第一生产力和人才第一资源重要结合点，承担着培养高层次创新人才、开展高水平科学研究、产出高质量科技成果的重要使命。进一步加强创新型人才培养，面向国家、社会多样化的创新人才需求，制定目标导向、个性化的创新人才培养模式，成为高校办学的首要任务。如何对学生进入大学阶段的学习与人生规划进行指导，是高等教育需要关注的焦点问题之一，也是广大学生的强烈需求与期待。

摆在我面前的这本书既让人觉得熟悉又令人感到惊喜。它出自加利福尼亚大学、斯坦福大学、密歇根大学、哈佛大学几名博士生之手，源自于他们从本科（达特茅斯学院）到研究生阶段的学习、科研和生活经历，由芝加哥大学出版社于 2016 年率先出版，由中国科学技术大学、合肥工业大学的老师共同翻译，并由中国科学技术大学出版社引进出版。本书英文版曾获得麻省理工学院、达特茅斯学院、乔治城大学等知名高校教授和芝加哥大学出版社的高度评价，被誉为本科生的"生存指南"和"完美的个人导师"。

说熟悉，是因为其中的内容与我们的工作、学习息息相关。大学的目的就是追求真理，做好学问是我们每一个大学人的第一要务。大学是一个人新的起点，决定其未来的高度。对于初入大学的新生而言，其所面对的不仅是新的学习环境，在学科知识及学习方向上也是全新的，应有良师益友有针对性地进行引导，以书为友不失为一种较为有效的方法。本书涵盖了环境适应、角色转变、科学学习、科学研究等内容，并结合各专业优秀学生的学习经历与心得体会，具体到因应理工类不同专业的详细划分应做的学习准备，对大学阶段的学习与人生规划中的方方面面进行详尽的分析阐述，为初入大学的学生指明了前进的方向，鼓励大学生不畏艰险、积极进取、勇于攀登科学高峰。

说惊喜，是因为它为我们带来了全新的 STEM 教育理念。STEM 教育注重培养学生四个方面的素养：一是科学素养，即运用科学知识（如物理、化学、生物科学和地球空间科学）理解自然界并参与影响自然界的能力；二是技术素养，也就是使用、管理、理解和评价技术的能力；三是工程素养，即对技术工程设计与开发过程的理解能力；四是数学素养，也就是学生发现、表达、解释和解决多种情境下的数学问题的能力。教育部出台的《教育信息化"十三五"规划》也明确提出应加强探索 STEM 教育模式，使学生具有较强的信息意识与创新意识。"他山之石，可以攻玉。"本书为如何学好 STEM 教育课程提供了较为可行的学习方法，并强调了 STEM 课程在现实世界中的应用，为大学生综合素质的培养与塑造打开了一扇新的窗户，从而帮助他们在科技创新和科技强国的征程中勇立潮头。

因此，我向"正行在科学道路上的在校大学生"及"志向远大、已在寻找先机的高中生"推荐本书，希望本书能成为你们的灯塔，照亮未来。

武汉大学校长
中国科学院院士

目　录

序　i

结论　001

第一章　欢迎来到理工科的世界　005

第二章　如何管理大学生活　011

第三章　如何在STEM课程中脱颖而出　033

第四章　选择STEM领域的一门专业　079

第五章　开展科学研究　127

第六章　本科之后的打算　163

第七章　STEM专业在现实世界中的应用　187

第八章　结语　229

绪 论

我们之所以在大学阶段就开始写这本书，是因为我们看到大学理工科专业（主要指STEM专业，即Science——科学、Technology——技术、Engineering——工程、Mathematics——数学）的学生数量逐年减少，并且惊讶地发现这竟然是一个全国性的现象，而这一现象没有得到改善。历经三年的调查、采访与写作，我们在本书中汇集了学业优秀的在校学生们和刚毕业的大学生们的建议，他们或曾出席国家研讨会，或曾在期刊上发表文章，或曾开发过应用程序，或曾创办过他们自己的公司。为了使这本书尽量贴近普通学生，我们采访了不同背景的理工科专业学生，他们或来自小型的文科学校，或来自专注研究的私立学校，或来自重点公立大学，等等。本书中的许多建议来自高等学术荣誉获得者，如戈德华特奖学金、富布赖奖学金、丘吉尔奖学金、盖茨剑桥奖学金、马歇尔奖学金、罗兹奖学金等的获得者。

无论你是正行在科学道路上的在校大学生，还是志向远大、正在寻找先机的高中生，你都会从本书中获得关于如何应对科学学习难题和如何在大学及以后的生活中表现卓越的基本知识。

以下是每一章的概述。每一章的内容既自成一体，又与下一章的内容存在逻辑联系。即使你认为已经了解了我们在特定章要讨论的话题，我们仍然鼓励你去阅读该章。有时，正是我们自认为已经知道的东西才令我们学习起来感到困难。正如马克·吐温曾说过的那样："让我们陷入困境的不是无知，而是自以为正确的谬误论断。"

第一章 欢迎来到理工科的世界

本章主要介绍STEM专业学习的困难、STEM专业的优势，鼓励大学生们不要放弃科学追求，并说明大学学习的目标不应只为分数，更要为技能而学。

第二章 如何管理大学生活

大学阶段是一段充满激情的时光，似乎有着无尽的机遇。然而，一不小心，你就有可能对你的成绩产生影响，因为大学新生往往无法在个人和社会生活与学术责任之间取得平衡。本章谈论的就是如何管理时间，从而为度过一个有效率且令人满意的大学生活打下基础。

第三章 如何在STEM课程中脱颖而出

本章内容可以帮助你磨砺自身的学术技能，使你在课堂和实验室中表现优异。我们将探讨如何做笔记、阅读教材、准备课堂测试和考试以及如何写实验报告等方面的技巧。

第四章 选择STEM领域的一门专业

我们会在本章介绍常见的理工科专业类型及其内容，以及各专业所对应的未来可能的职业类型。

第五章　开展科学研究

对于有兴趣从事科学职业（无论是学术类、医学类还是工业类）的学生，本科生阶段的研究是一种必要的体验。通过本章的学习，你可以熟悉学术研究界以及以学生身份开展研究项目的来龙去脉。另外，你会熟悉科研文化当中的一些独特词汇、层级和不成文的规则。

第六章　本科之后的打算

如何从一名学生成长为一名专业人士？本章会帮助你实现这种转变，给你提供毕业后找工作的一些方法，如撰写个人陈述、创建个人简历、申请奖学金和资助等。

第七章　STEM 专业在现实世界中的应用

本章为进入研究生院和职业学院（如医学院、法学院、商学院）的学生在如何做准备方面提供具体的建议，并为具备科学背景的学生提供有关就业方面的基本信息。

第八章　结语

本书以对所有大学生尤其是 STEM 专业学生的几条重要建议做结语，以帮助学生圆满完成大学本科阶段的学习，帮助其为未来做准备。

第一章
欢迎来到理工科的世界

没有哪一门STEM专业课程会教授学生如何在这门课程的学习中脱颖而出。因此，学习STEM专业课程需要一本指南，而这一指南就是本书。

学习技能、专业或研究项目的选择，以及职业规划，这些仅仅是这本简要指南中的一小部分话题。STEM学科领域，如数学、工程学、化学、计算机科学等，既有挑战性又能获得相应回报，然而，也只有为数不多的学生能在既紧张又充满竞争的大学STEM世界中取得成功。因为你不清楚哪些是你不知道的，你需要那些曾经经历过而你即将要经历的一些事情的过来人的建议。这本书汇聚了我们多年的精心研究，收录了与多位成功的科学家和STEM专业学生的访谈，以及我们自己作为STEM专业新近毕业生的经历，这些也是作为编者的我们在入学之初曾渴望获得的信息。

祝你好运，并欢迎来到理工科的世界！我们希望接下来的内容对你学习的每一步都能有所帮助。

为什么STEM专业那么难？

> 只有一小部分极具实力的年轻人开启了科学职业生涯。我常常惊讶地发现,小学生往往比大学生对科学更具能力与热情。然而,随后在校数年期间因为发生的某些事抑制了他们的兴趣(并不主要是青春期变化引起的),我们必须了解并避免这些阻力。没人能预测未来的科学领导者会出自何处。
>
> ——卡尔·萨根

60%原来打算学习STEM专业的大学生在后来的学术生涯中改变了他们的初衷。为什么那么多的学生最终会放弃他们原先的科学追求?

首先,学习STEM专业课程并不容易。我们天生具有学习人类语言的能力,但没有人天生就能理解量子力学。要学STEM专业课程,你不得不钻研它,正如大多数值得做的事情那样,但这不是全部的缘由。事实上,学习复杂的概念是一种非常大的挑战,但这并非是学生学习STEM专业课程痛苦的最大因素。许多大学生遇到学习STEM专业课程的阻碍,主要是因为他们不知道如何为大学STEM专业课程做准备。

STEM专业课程可能很复杂、枯燥无味,常常让人晕头转向。在一堂典型的某STEM专业的入门课上,你会发现自己与其他几百名学生正一起置身于一间大教室里,有一位小身板的教授在教室前面指指画画地讲她的展示文稿,黑板上有一些复杂的方程式,而你正在费劲地集中自己的注意力。关于课程内容,有些学生立刻就懂了,有些学生则不然。通常在整门课程结束后,你得到的会是一份测验和一个分数。如果分数太低,大多数学生就放弃了。

不要放弃！

尽管现实中存在许多阻碍学生们追求科学的障碍，但是仍有更多的理由让学生们坚持下去。通过不懈的努力和本书的指导，你不仅可以在学业上表现优秀并顺利获得学位，更重要的是，或许你还能领略科学之美。

选择STEM专业学习不仅会很有趣，而且获得STEM专业学位也有许多实际的好处。职场需要具有科学素养的人才，并且为拥有科学和数学技能的人才准备好了相应的回报。在过去的几十年里，获得STEM专业学位的大学毕业生比例逐渐下降，而与STEM专业相关的工作需求持续增长。从2001年到2011年，STEM领域相关的工作机会的增长率比非STEM领域的工作机会的增长率高出3倍。平均来说，STEM专业的毕业生要比获得其他专业学位的毕业生薪酬高。一项研究发现，拥有STEM专业背景的人在一生中要比其他专业的人多挣50万美元。

STEM专业毕业生拥有的职业机会并不局限于与科学相关的领域。事实上，STEM专业的毕业生不管是否从事STEM相关的职业，总体来说都会获得比其他专业的毕业生更高的薪酬。试想一下，在标准普尔（S&P）500强公司的首席执行官中哪种大学专业背景最普遍呢？商务？经济？市场营销？这些都不是。实际上，是工程学。这恰恰表明，作为一名STEM专业的学生，你在大学学到的技能在广泛的领域里都有价值。根据美国国家科学基金会和美国劳工部的统计，未来10年所创造的所有工作中，80%需要STEM专业技能。从这里可以看出，学习这些技能是明智之举。试想，大学毕业时，你很有可能因高额学费而负债累累，但是如果你知道自己积累的技能具有很高的市场价值，足以让你今后闯出一片天地时，你一定会很高兴。

最后，从更广阔的视角来看，有经验的科学家们对我们的未来至关重要。从杂货店的商品，到救生药品，再到汽车的安全装置，现代科学触及我们生活的每一个角落。我们的科学家肩负着解决世纪难题的重大责任，如治愈疾病和找到清洁能源等。帮助这个世界应对此类挑战，是那些考虑学习STEM专业的人的又一愿景。

为技能而学，不只为分数

作为一名大学生，你需要采取与高中时期完全不同的态度来对待学术生活。很多有抱负的学生在得到不好的考试成绩时就感到崩溃，他们认为低分就代表着他们的理工科专业能力不行，这种错误的观念是学生放弃科学的重要原因。请牢记：在某一门科学课程表现失利并不意味着你不擅长它或你是一名差等生。

在达特茅斯学院，一个戏剧专业学生的平均绩点为3.89，一个化学专业学生的平均绩点为3.11，两者有什么共同之处？他们两人的绩点都处于各自学院的课程要求的平均水平。整体来说，艺术、社会科学和人文科学课程比科学课程给出的分数会更高。你的分数更多的是学校相关部门政策或教师设定限额的反映，而不是你全部真实的才能或兴趣的体现。分数的确重要，但它并不代表一切，甚至它往往会起到误导的作用。

每个人在高中阶段所学的科目差不多一样，所以区分学生的学业表现的主要因素就是他们的平均绩点。但在大学阶段，学生所学科目不同，所以比较不同专业的分数就如同将苹果与橘子拿来比较一样。如果你没有足够的资金支持，那么毕业时拥有能在职场上运用的知识与技能对你来说才是最重要的，取得多少分数并不是最重要的。

《福布斯》杂志公布的十大就业前景和毕业薪资最差的大学专业排名当中，STEM专业不曾位列其中。在那些STEM专业曾得到高分的大学毕业生们很可能以后不再关心他们曾在考试方面做得多么好。在高中阶段，你主要追求得到高分；而在大学阶段，你不仅要为分数而学，更要为技能而学。

第二章 如何管理大学生活

> 时间是我们最想要的,偏偏也是我们最不善于利用的。
>
> ——威廉·佩恩

通常，学生在进入大学校园时都会对接下来的生活感到既兴奋又紧张。你搬进宿舍，报名参加感兴趣的课程，结交新朋友，并开始接受邀请去参加从模拟法庭到攀岩运动等各种课外活动。渐渐地，你感到越来越疲惫。于是你开始缺课，脏衣服也开始堆积起来，浴帘上长出了"绒毛"，而你一脸恐惧，不知该如何清理。你似乎感到分身乏术，因为学业、俱乐部活动、社会责任都需要花费时间和精力，而你又担心错过新奇的体验而不愿意放弃其中任何一件事情。突然之间，期末考试周就要来临了，你为此好几天都靠咖啡提神，紧张兮兮地备考，最后却发现你的考试分数比高中时要低得多。此时，你才意识到有必要采取新的策略。

　　关于学习与娱乐这方面的关系，大学需要你采取与高中阶段完全不一样的态度。你的学业要求更高，对自己的生活比以往有更多的掌控力。本章与下一章将通过教你如何管理大学生活来帮助你调整新的学习步伐，为在STEM课程中表现出众做准备。如果你用心学习，可以预见大学阶段所要面对的挑战并制订出相应的计划。

成功：纯属个人！

> 攀比是偷走快乐的贼。
> ——西奥多·罗斯福

当你着手在大学取得"成功"之前，需要弄清楚，对你来说什么才是所谓的成功。是取得好的成绩，是进行有意义的研究，是为某特定职业做准备，还是其他？

你对成功的看法也许和你的朋友、教授或父母所想的不同。那就花点时间反思，弄清楚对你来说什么最重要，并认真思考你想从大学和职业中得到什么。我们所采访的一名密歇根大学的学生对此做了很好的总结："总要在开始做事情时，心里就想着结尾。是的，你有时间去弄清楚你喜欢什么，想要探究什么，但是如果你不知道毕业后该何去何从，这会对你造成困扰。如果你没有计划，那就花费空闲时间弄清楚。能获得成功的往往不是最聪明的人，而是最有动力去做的人。"越早弄清目标是什么，你越能更好地决定如何达成目标以及要在大学里做什么。

你和你的同学拥有的学术背景各不相同——有的来自普通平民公立学校，有的来自著名的预科学校。大学刚开始的时候，学生们就会发现各自准备好应对大学生活的程度不同。但总的来说，你的大学同学会比你的高中同窗更有智慧，更加积极；毕竟，这正是他们得以进入大学的原因。还有，你的同学也会承担不同的责任。一些学生可能需要半工半读以支付学费；一些学生可能家事缠身；还有一些学生可能更加自由，可以将全部精力与注意力放在学业上。

定义大学阶段何谓成功，也需要考虑自身的教育背景与责任。不断地制定能让自己在一天、一学期和一学年结束时感到满足的短期和长期目标。目标既是目的地也是精神支柱：在到达目的地之前，你得描绘出成功对你来说意味着什么，并且在脑海中铭记目标，以免随波逐流。

不管你认为自己处于在为大学做好准备的哪个阶段，请不要因对同学学术能力的评估而引起对自我能力的怀疑，或者错误地引导你认为读大学将是轻而易举之事。最重要的是，你的课堂表现取决于你是否愿意努力学习。如果你发现自己与某些同学相比，在STEM专业学习背景方面比不上他们，那就多花点时间，多付出些努力，只要坚持下去，你就一定能赶上来。

一旦确定了目标，就把它写下来，并贴在一个醒目的位置：书桌上、房门上、马桶对面的墙上，或任何其他地方。每当灰心丧气时，提醒自己是为什么而奋斗，以激励自己实现目标。但是不要由此认定你必须要对自己设定的第一个目标从一而终。大学是一个发展的阶段，你也许会认识到，在大一时你最想要完成的事与你大四时的目标不再有什么关联。要乐于改变目标，但是更要时常思考如何实现目标。

学生经验之谈

学生如何找到自己成功的意义？

要了解自己并知道你要从教育中得到什么。如果事情重要的话，你总能腾出时间来做。当然，也要了解自己的极限，因为做好有限的几件事总是比三心二意做许多事要好得多。

马克斯（明尼苏达大学，戈德华特学者、丘吉尔学者）

成功最重要的就是找到真正令你激动的东西并弄清楚如何在你的职业生涯中专注于那件事。在大学的头几年尽可能多地探索，并考虑你探索的哪一方面最吸引你。

萨姆（芝加哥大学，戈德华特学者、罗兹学者）

　　时间管理和你对大学成功的定义两者密切相关。如果体育运动和学术知识对你来说都重要的话，正如对我而言亦是如此，那么你就会找到方法去兼顾两者。如果你有强烈的、自我激励的意识，知道什么对你是重要的，那么如社交时间的减少，对你来说则是容易的决定。形成这种意识需要自省。通过考虑你自己的想法和接受挑战，你就能更好地了解自己。不要害怕自己思考，也不要回避其他学科的课程。你只会变得更独立，适应力更好，更具创造力。

克里斯（阿默斯特学院，戈德华特学者、丘吉尔学者）

　　在我人生的大部分时间里，我对成功的定义是如何达到他人对自己的期望（例如父母的期望），认为成功就是能取得好成绩，或者能进入任何一所顶尖大学。但是，大学给予了我自由去做我相信并热爱的事情，让我学会了重新思考成功的定义。因为当你进入一所知名的学校或者修了一门压力很大的课程时，不管别人会因此为你感到多么高兴，假如你自己感到痛苦，觉得是被迫做一些不喜欢的事的话，那别人眼里所谓的"成功"于你而言又有什么意义呢？这应是显而易见的，最优秀的科学家不是为学位、金钱或声誉而从事科学的工作，而是真正热爱发现的过程，并致力于为不断发展的科学知识世界贡献力量。

梅勒妮（埃默里大学，戈德华特学者）

时间管理的重要性

> 时间管理其实是一个误称。我们的挑战是管理自己,而不是时间。
> ——史蒂芬·柯维

大学很可能是你一生中第一次拥有几乎完全的自主权,没人会去告诉你为什么在早餐、午餐和晚餐吃微波炉热过的墨西哥卷是一个糟糕的主意。这样的自由也许令人激动,但当所有新的社交机遇和课外机会都需要你的关注时,你也许就发现很难集中注意力于你的学业和健康上。因此,到大学里进行过渡的第一步就是学会如何独立,关键就是学会如何管理时间。

与高中时期相比,你在大学时花在课堂上的时间很少——或许少到仅是一天中的1~2小时。上课时也很少会签到点名,特别是上入门性质的讲座形式的大课的时候。由于缺少监管,你要自己决定并设置生活框架以平衡你的学业、社交以及课外活动三者之间的关系。

接下来我们讨论时间管理的方法,这些方法就我们的自身经历而言,以及对我们采访的很多成功的STEM专业的学生来说都很有用。如果你勤勤恳恳地践行这些方法,你将在大学道路上一帆风顺。养成时间管理的习惯需要你坚守原则,但会随着时间的推移变得更加容易,且从长远的角度来看是一件很值得做的事。

每一学期:使用计划表

在计划表上填写你的短期和长期目标以及课程安排。在每学期开始时，分析你拿到的教学大纲，并简单记下所有课程的实验报告、项目和测试的截止日期，以及任何重要的社会义务和有趣的事情（如生日、音乐会、聚会等）。

通过提前了解学期计划，你可以精准地找到你的"地狱周"，即那些你避免不了要去应对撰写多份论文、测试和其他事情的时期。通过这种方式，你会知道什么时候要比平时投入更多的努力，并可以为此提前做准备。最后，列出你自己所有的个人生活目标或学术目标，并规划好完成时间。比如，你想在某门学科中取得高分，那就在每场主要的考试之前留出额外的时间，以保证你能专注于那门学科。

纸质的计划表和电子日历都是保持条理性的好选择。互联网日历或谷歌日历等电子日历都可以设定事件提醒（如桌面通知或自动生成的短信提醒）。选择最适合自己的方法，并坚持下去；计划表让你做事有条不紊，专注于你的目标。

记录你的时间

除了在计划表上填写学期计划外，你还需要做好每周的安排。问问你自己：如何利用好每周的时间以跟上学业计划，既可保持健康的生活方式，又能有娱乐的时间？每周末花15分钟的时间，在计划表上写下你下周的学业、社交及个人目标。你这周做了多少实验和练习，读了多少书？周二上午下课后你方便与室友一起吃午餐吗？你是这周洗衣服还是可以等到下周再洗呢？计划好每周的任务，每天早晚回顾当周的任务，可以让你有方向感地迎接新的一天。这种思考模式很快就会成为你的第二天性。

每天的计划应如下所示：

今日任务清单

上午8:00—8:45	起床、吃早餐
上午8:45—9:45	预习并准备上课
上午10:00—11:00	讲座#1
中午11:10—12:10	讲座#2
中午12:15—1:00	吃午餐,休息#1
下午1:10—3:10	复习讲座内容并解决一些实际问题
下午3:20—4:20	去健身房锻炼
下午4:30—5:30	去超市购物
下午5:40—6:40	洗衣服,复习知识闪卡
下午6:50—7:50	吃晚餐,休息#2
晚上8:00—8:50	出席俱乐部会议
晚上9:00—10:30	做练习题和问题集
晚上10:40—11:20	睡前准备工作
晚上11:30	准备睡觉

要注意这个计划表中的两点：一是，一天中的大部分时间都被列入预定计划，而每项活动之间要有缓冲时间，因为地点的转变会占用一些时间。二是，空闲时间也被恰当地纳入了这个计划，这样你就可以享受休息时光而没有负罪感，也不会走极端，将所有剩下的工作推到一边。这是个全面的计划，它囊括了你花费在课堂、学习、睡觉、吃饭、练习、办事和课外活动上的时间。细致的计划会在你需要学习、工作的时候帮你集中精力，也

会在你需要休息的时候彻底放松。

虽说如此，但你几乎会偏离计划。你的问题集也许比你预期的要更难解决，与朋友一顿简短的晚餐也许会变成一次冗长的谈话，或者你就是感觉你需要休息。因此，需要灵活应对这些预期之外的事。每天结束时，回顾一下你的计划，删掉所有你已经完成的事情，并重新规划你稍后完成不了的事情。弄清楚阻碍你完成这些事情的原因（如时间不够、拖延等），并考虑下次如何避免这些误区。即使最终不能严格遵循计划，也要每天坚持制订计划；写下计划是锻炼自己培养自律的习惯，而不是为了预测未来。

分解任务并完成

无论是为了期末考试还是为了写论文，或是计划一场世纪派对，都要把任务简化为清单上的小任务，并记在计划表或卡片上。让每一项小任务尽可能简单，并在清单上设定每项任务的最后期限。清单的制订过程会让你认真考虑如何着手处理某一既定问题，也会使无论多大的任务看起来都不会那么难以应对。划定每一项小任务的最后期限可以让你保持正轨，使你更好地安排日程表上的内容。随身携带清单以提醒自己还有哪些事情需要做。

核对每一项已完成的小任务能让人感到非常满足，但不要以为这只是纸上谈兵。下面的一些例子将告诉你如何把一项复杂的任务分割成一个个可计算的小部分。

示例任务一 //
组织一场募集慈善捐款的俱乐部晚宴

- 从食品供应商那里得到餐饮报价(10月5日)
- 在设备部预定场地(10月6日)
- 确定最终的晚会程序(10月9日)
- 设计并打印出传单(10月10日)
- 发送校内电邮邀请并请求回复(10月11日)
- 向食品供应商反馈最新的食品订单预估量(10月18日)
- 安排并举办晚会(10月23月)

示例任务二 //
期末考试学习计划

- 复习笔记并简略浏览下课本(12月15日)
- 复习之前的习题集和期中考试题目(12月16日)
- 在办公时间去问老师一些自己弄不懂的问题(12月16日)
- 做模拟期末考试卷1并检查答案(12月17日)
- 做模拟期末考试卷2并检查答案(12月18日)
- 在办公时间再去问老师一些自己弄不懂的问题(12月18日)
- 复习仍然薄弱的概念(12月19日)
- 参加考试(12月20日)

示例任务三 //
专业研究论文

- 选一个话题(1月20日)
- 读5~8篇与此话题相关的学术论文并做一份书目(1月21日)
- 创建一份全面的大纲(1月22日)
- 充实这份大纲(1月23日)
- 完成论文的初稿(1月24日)
- 重大修改1（1月25日）
- 重大修改2（1月26日）
- 向朋友寻求建设性的反馈(1月26日)
- 休息(1月27日)
- 重大修改3+核对语法(1月28日)
- 提交论文(1月29日)

优化你的学习时间

设想这样一个场景：距课堂测试还有两小时，但你根本没做任何准备。你会做什么？很可能，你会打开笔记和教科书，努力学习以把尽可能多的信息填充进你的脑海。由于时间异常紧张，你在这两小时吸收的东西要比平时四五小时里学习的东西还要多。临时抱佛脚不应该成为你学习计划中的一部分，但是，每次学习都应该努力达到这种专注程度。你本可以在两小时内完成的学习量，为什么平常要花四五小时？

当你坐下来开始学习的时候，要充分利用好时间。无论是独自学习，去图书馆自习或是小组学习，不管哪种形式，只要你能够最好地将精力集中在学习材料上就行。如果你不知道在哪种环境下学习效率最高，那就切换不同的学习环境，看看哪种最适合你的学习习惯。

许多学生在学习时喜欢听音乐或重播喜欢的电视节目作为背景。他们说这有助于集中精力，但是实际上，这些都是令人分心的事情，会分散注意力。相关研究一次又一次地说明：人们自以为能够很好地同时完成多项任务，但事实是，他们一次只能做好一件事情。有效地学习意味着你应该能完全集中精力在学习材料上。事实上，对许多学生来说，任何噪声都会妨碍他们达到最佳的精力集中状态。这就是为什么一些学生使用耳塞或其他消除噪声的设备的原因。试试看，你会对你所屏蔽的周围噪声量感到惊讶。为什么许多标准化考试中心允许测试者戴耳塞？因为耳塞帮他们将所有的注意力集中到测试上，阻隔来自其他测试者的噪声。为什么你每次学习的时候不做同样的事呢？

最大限度地提高学习效率的最后一个方法就是在学习的同时为自己计时。在开始学习之前设定50分钟的计时，并要求自己在这段时间内除了学习不做任何其他事情。50分钟的计时结束之后，你可以有10分钟的时间休息，例如去趟洗手间、喝点水或查看手机，然后为下一次的50分钟学习时间做好准备。计时可以使你放下所有的事情而专注于学习。

不要害怕说"不"

大学最具魅力之处在于有各种各样令人惊奇的好玩的事情。

从蛋奶酥烘烤到印度古典音乐,对这些极其奥妙之事感兴趣的你可以在俱乐部和活动中得以满足。而且,你的许多新朋友也会在身边,与你一起做这些事。你会在班里,或餐厅,或宿舍看到他们,如果你住宿舍的话。

在大学期间,有许多刺激的事情和有趣的人环绕在你的周围,因此决定如何分配时间是一个艰巨的任务。一天的时间有限,因而需要在你想做的事与需要做的事之间列出优先顺序。朋友会过来敲门,邀请你去参加晚上11点的聚会。你也许想在为大学辩论队"磨炼"热情洋溢的演讲技巧。某位教授或许想让你在她的课堂上担当助教。在所有的这些事里面,你要认真思考自己是否有时间。如果你没有时间,那么无论是对那位要占用你时间和注意力的人,还是对你自己,你都要坦然地说"不"。

在我们无限连通的生活中,人们很难去拒绝一次机遇,或许因为受到"错失恐惧症(英文缩写:FOMO)"的影响。FOMO在《牛津英语词典》中的定义为:"由于担心某件令人兴奋的或有趣的事情正在别处发生而引起的焦虑,通常因浏览社交媒体网站的发帖而激起。"许多大学生因为受到"错失恐惧症"的影响,而去参加各种俱乐部并许下种种承诺,由此把自己搞得疲惫不堪——成为一个"万金油"(无一不晓,杂而不精)。对待时间要像对待珍贵的资源那样,好好守护时间,把它花在对你而言最为重要的人和目标之上。在大学里尝试新事物没有问题——事实上,大学是最适合尝试新事物的时期!但是,请记住,首先你是一位学生,这是你最重要的身份,如果你是为了专心学习或者专注于自己而不得不去拒绝别人,请不要因此而觉得自己被冷落了。如果你只有学习的时间、陪朋友家人的时间和参加一两项课外活动的时间,那也是完全没问题的。

> **总结**
> - 记录你的时间。
> - 分配任务并完成任务。
> - 集中注意力以获得最佳的学习效果。
> - 不要害怕说"不"。

按照我们总结的以上4个方面来安排自己的时间,让你的每一天都很有效率。遵从这条建议可以保证你绝不会错过最后期限。若你发现自己完成不了所希望的那么多,那就要与学术导师谈谈,如学院的院长、你的老师或学术上成功的高年级学生,也许你需要重新分配花在社交、学术与课外活动上的时间。或许你会发现需要改进学习方法。最重要的是,坚持你的计划,不要将现在就能完成的任务推后去做。

在大学开始之初就要学会管理时间,对于这一点的重要性再怎么强调也不为过。成功地管理时间会让你的学习效率最大化,使你怀着目的开始每一个行动。

学生经验之谈
你是如何充分利用时间的呢?

从德克萨斯东部的一个小镇来到城市并进入学术环境,这样的过渡对我来说困难重重。一段时间过后你就会理解,在某种程度上,人不能够既可以玩玩闹闹又可以保持良好的学业成绩,还能参与课外活动。专业化推动了当前世界的发展,而我希望你牢记于心的是:如果你的精力过于分散,那么这将会影响你实现特定目标。因此,请慎重选择需要你花费时间和精力的事情。专注,你才能让那些重要的事情更加完善,并同时避免过度劳累。

乔纳森(贝勒大学)

一天的时间从来不够用——但这完全没问题。重要的是有效地运用你所拥有的时间,因为每一分钟都有价值。从选择骑自行车而非步行到实验室,到在等待凝胶凝固的时间里复习讲义,事情虽小但需要不断积累。有段时间,我待在实验室的时间比上课的时间还多,这也不是什么大问题,因为这有助于我学会调整自己,并学会在有限的时间里更有效地学习和工作。甚至有时我会想,早上去上课,下午在实验室工作,晚上又要为音乐专业排练,我是怎么活下来的,但是既然我能做到,其他人也可以。

梅勒妮(埃默里大学,戈德华特学者)

健康的生活方式让你更聪明

> 健身不仅是身体健康的重要因素之一,还是保持活力和进行创造性的智力活动的基础。
>
> ——约翰·肯尼迪

有效的时间管理不只是为学习创造足够的时间,还意味着为健康生活所需的其他所有要素分配时间。你的身体就像一辆车:保养得越好,就会越平稳地到达你的目的地。如果你保持好身体和精神的健康状态,那么任何目的都更容易达到。

在大学，学习会占用你大量的时间，特别是对于STEM专业的学生来说。然而，不要忘记每一天都要保持健康的生活方式。现在是时候为你的余生养成健康的生活习惯了，本章会给出原因。

让心跳快起来

学好STEM专业课程不仅仅需要长时间地泡在图书馆里进行马拉松式的学习，还需要做更多。尽管你会本能地将时间最大限度地花在学习上以提高学业成绩，但是锻炼好身体可以让你在学习方面动力十足。2011年度《应用生理学》杂志上刊载的一篇文章指出：大学生在课前锻炼身体，会使他们的考试分数平均提高17%。另外，锻炼还与学习时更高的智力表现和更集中的注意力紧密相关。虽然抽空从图书馆的自习中歇息一会儿，去做点锻炼，这看起来就是件无关紧要的琐事，但这对学业的好处是真实可见的。

美国农业部"选择我的餐盘"项目建议人们每周至少有3天进行时长两个半小时的舒缓有氧运动，或者时长一个半小时的剧烈有氧运动。一旦感到注意力不集中了，就到户外做快速运动。与打盹儿和上网相比，户外运动会令你重新回归书本时，感到更加精神焕发，更能专心工作。

在大学的健身房，你总能看到学生在跑步机上边跑步边看笔记，或者在做不同运动之前的间隔时间里看笔记。正如前文已经提到的，人们无法做到在完成多项任务的同时保证高效率，进行肌肉锻炼的时候注意力分散很容易让自己受伤。为了得到最佳的锻炼效果，不如将锻炼视作一种工作之余的休息。只要掌握了良好的时间管理技能，在任何情况下你都不需要一心多用。然而，如果时间的确紧张，你可以从高强度的学习中挤出点时间，例如在听报告录音的时候进行锻炼。

要吃得好

大家对大学生的典型印象是他们会在闲暇的时间吃一些油腻多盐的食物，如马苏里拉芝士条或方便面。然而，营养研究发现，健康的饮食习惯与课堂上的优秀表现息息相关。更确切地说，适量摄取蔬菜、水果、蛋白质和纤维的学生与没有如此做的学生相比，前者的学业表现更好。

每天3~4顿营养均衡的饮食会给你提供充足的身体能量。我们知道，你以前或许听说过早餐是尤其重要的。早晨，你的身体若缺少必需的营养物质就难以使机体达到最佳状态。假如你实在没有时间，那么在上学的路上随便吃个格兰诺拉燕麦卷或水果也比什么都不吃好得多。这样做会帮助你清醒并提供足够的能量让你坚持到午饭时间。

最后，要限制你的酒精摄入量。哈佛大学公共健康学院进行的大学生酗酒调查发现，酗酒的学生中"男生一次性摄入的酒量为5杯及以上，女生在两周之内在一到两次场合中摄入的酒量为4杯及以上"的更有可能缺课，随之而来的结果就是跟不上课程进度，取得的平均绩点也更低。也许一些学生认为饮酒是大学体验的一个重要部分，但是经常喝醉或宿醉对学业来说没有一点好处。

保持良好的夜间睡眠

拥有好的睡眠是你在大学取得好的表现的必备要素。我们采访了达特茅斯学院戈德华特奖学金获得者洪宇（音译），其对睡眠的看法是这样的："我严格奉行晚上10点以后不学习的原则。因而，我要承担白天完成所有事情的压力，这提高了我的效率，同时让我拥有愉快的、没有压力的夜晚以及时间充足的健康睡眠。"保证每天足够的睡眠对于身体健康和在学校的高效表现来说是至关重要的。与饮食和锻炼不同，睡眠不好会很快影响到你。繁重的学业负担也许需要额外的努力，甚至有时会迫使你熬夜。不过，每晚尽最大努力留出足够的时间以保证睡眠。争取每天有7~8小时的睡眠时间，这是疾控中心建议的成年人睡眠时长。

研究表明：充足的睡眠无论是对精神的健康还是对身体的健康都有极大的好处（希望这能成为常识）。一项有关大学生的研究发现：睡眠次数和质量是学业成就、上课出席情况和已获得的学术成绩的主要预测因素。事实上，每晚只有4~5小时的睡眠时间或24小时内都没有睡眠的情况会导致精神障碍，类似于人体血液酒精含量达到0.1%的情况。想一想，美国大多数州的法律都将血液酒精含量达到0.08%及以上的情况定为醉酒。如果你缺少睡眠，就不能有效地汲取知识，因此，实际上可以通过保证睡眠的方式节省时间。

为了熬夜，很多同学可能养成了对苏打水、咖啡、茶或其他某种含有超量咖啡因的能量饮料的依赖，课业繁重的学生们视其为学习的辅助品。如果可以的话，不如睡会儿觉吧。当身体告诉你累了时，你应该听进去。打个小盹儿或者提早睡觉是让你保持清醒和集中注意力持久有效的方式。

要有娱乐的时间

除了生活健康之外，你还需要娱乐的时间。学习需要自律，同样重要的是，你要为社交和课外活动留出时间。偶尔远离课本，你会感到更快乐。快乐的学生不仅希望取得学业成就，而且对学习会更有激情和热情——他们更加享受学生生活。请想一想，学术成功不是孤立存在的。换句话说，没有谁——不管是雇主、研究生项目、还是你未来的老板等等——想要一个平均学术绩点为4.0的机器。他们想要的是懂得保持平衡、有智慧、有动力的人，能爱其所为的人。

通过加入学生群体以及学校所提供的各项活动——从俱乐部运动和志愿活动到乐团和校园刊物，在学业之外培养你的人脉和技能。大学是一个发展你现有兴趣和尝试新的兴趣的时期。不存在"正确的"活动，只有你喜欢的和令你找到满足感的活动。

但在俱乐部活动上不要过火，尤其是在大一的时候。正如我们提到的那样，你应该爱惜自己的时间。许多学生组织在运行中很少有或几乎没有监督，这意味着学生们承担着组织会议和活动的大部分责任。另外，俱乐部的档次可能比你既有认知的要高出很多。举个例子，高中的辩论队也许是由热情的业余人员组成的，而大学的辩论队则大多由各个高中辩论队当中杰出的、有经验的辩手组成，他们多对诸如政治之类的要求有公共演讲技能的职业感兴趣。在大学加入一个学生团体要承担比你所认识到的要大得多的责任，所以不要做出过多承诺，在必要的时候要说"不"。请参加两三项你最热爱的课外活动，这才是最佳选择。

关注自己的心理健康

即使是那些我们期待的改变也会带来全新的挑战,这就要求我们掌握新技能并去适应。甚至在你高兴并满怀渴望地迈入大学时,独立自主、努力学习、适应新的社会环境、与同龄人竞争、规划你的职业,这些也都可能令你充满压力。总而言之,大学会给每一个人带来压力,而且在一些不受欢迎或令人畏缩的改变出现时,压力会更大。

本书的编写目的是帮助STEM专业学生取得成功。任何会干扰你在大学充分利用时间的事情都需要得到你的认真关注。心理健康是在你的成功当中经常被忽视的一个因素。大多数人得知这样一个事实时都会感到诧异:接受调查的大学生中有80%的人表示,他们因过去必须做某事而感到"不知所措",45%的人甚至会因某事而感到"绝望"。

我们诧异的原因在于这对大学生来说是一个严重的问题:我们往往忽视其他大学生们所经受的压力的程度和严重性,因为他们往往默默地忍受着,而且有孤独和耻辱的感觉。独自承担压力会产生更多的压力,由此开始恶性循环,最终会影响你的学业和社会生活。每年有超过25%的大学生被心理健康专家诊断为有心理疾病或者需要接受心理治疗,更多的大学生则认为情绪低落和焦虑是他们获得学业成功的最大阻碍。至少半数的大学生声称他们觉得焦虑影响了他们的学业成绩,31%的大学生表明低落的情绪已经影响到了他们的正常生活。

你可以采取措施将压力最小化或避免压力阻碍成功。首要的是照顾好你自己。但是,有时候这些并不够。如果你发现源自大学的压力正给你造成痛苦或是影响你的学术或社会能力,那就有必要打破沉默并寻求帮助。这包括向朋友和家人倾诉,或求助于大学的学生健康服务中心或附近社区的健康服务机构。你并非独自一人,你能做得最糟糕的事情就是忽视压力并试图硬撑。

而且,避免接触那些使你厌烦、过度关心你或通常会占用你精力的人。(例如,"你的课堂测试成绩如何?第41题你的答案和我的一样吗?")这会让你更加乐观,并集中注意力于你的奋斗目标,而不是被其他人的期望所压垮。

学生经验之谈

关于享受娱乐时间并保持效率,您有什么建议吗?

要保持快乐的状态。让生活充满令你高兴的事情。效率会随着你的快乐程度、睡眠质量和健康饮食而提高。管理时间很重要,因此你有时间去做喜欢的事,而不用向睡眠和食物妥协。

小田(达特茅斯学院)

就我的经验而言,运动最能对抗压力。即使在备考期间,在一整天的学习之后,我总会在健身房晚上关门前去做运动。锻炼除了众所周知的对人的精神和身体状态产生积极影响之外,还会短暂缓解其他所有的压力。我花费一小时的锻炼时间会让我在接下来工作的4小时里效率较平时提高两倍,而压力只有一半。

克莉丝(阿默斯特学院,戈德华特学者、丘吉尔学者)

> 投身于你喜欢的课外活动,不要丧失激情。在身边结交能给予你帮助并让你感觉很棒的人。
>
> 瓦内萨(加利福尼亚大学里弗赛德分校)

> 花时间与朋友在一起——身边的人支持你并且玩得开心是很重要的。但也要牢记:你上大学的目的是接受教育而且你已为此付出了许多,因此不要过多地浪费时间在聚会上。
>
> 萨拉(耶鲁大学)

> 许多学生喜欢吹嘘自己的睡眠时间很少,似乎以此证明自己有多努力。不要加入他们的游戏中。弄清楚自己需要多少睡眠时间,并保证每晚拥有足够的睡眠。如果你将睡眠放在优先的位置,你的分数自然会体现出这一点。
>
> 马克斯(明尼苏达大学,戈德华特学者、丘吉尔学者)

结 束 语

大学并不只是一个学位工厂。对于很多人来说,大学是一个更能了解自我、探索兴趣和认识广阔世界的一个地方。你身边会出现许多机会,你也很可能会发现自己正在为家庭、朋友和其他活动分担责任。大学是激动人心且富有回报的,但在精神与身体上也会消耗时间。锻炼身体、吃好、睡好、娱乐、关注你的幸福会帮助你最有效地利用你的学生时间。

第三章
如何在STEM课程中脱颖而出

我从来没有让学校干预
我的教育。

——马克·吐温

在第二章,我们讨论了如何在大学里最大限度地学到更多,现在我们将探讨如何像一个专业人员那样学习。为此,我们将告诉你一些成功的STEM专业学生尝试过的且可靠的方法,他们曾通过这些方法最大化地利用课堂、实验及学习时间。

尽管你在高中课堂所花的时间比在大学课堂上所花的时间更多,但是大学课堂的每一小时都塞满了大量的学习材料,作业会更难,完成的时间也会更长。总的来说,大学课程会要求你更加努力,那些在高中阶段足够充分甚至非常有用的付出,可能还无法满足大学的要求。

将你的大学老师想象为一个乐团的指挥者——她指导你的学习,却将表演和练习的细节都留给你自己解决;你有责任弄清楚如何在课内外最有效地学习。幸运的是,我们就是来帮助你的!如果你采纳下文中的建议,你将能够更为有效地学习,在课堂上、实验室里和考试中获得优异的表现,并且擅长自主学习。

在课程中积极领先

> 天才就是主动性的爆发者。
> ——霍布鲁克·杰克逊

如果你想要通过考试,你至少需要做到跟上课程内容。如果你想要表现突出,则需要比别人做得更多。罗杰是一位来自维克森林大学生物专业的学生,关于如何在课程中积极领先,充分利用大学时间,他解释说:"不要问:'我现在需要做什么才能不落后?',而是问你自己,'我现在能做什么才能取得进步?'总是有些事需要你去完成。一旦完成了工作,你会感到放松,会更享受休息时间。"为了在课业中做到最好,在学习风格、工作量和资源方面,都要采取积极的态度。

第一步:了解你的学习风格

孙子,中国的军事家、哲学家,兵法专著《孙子兵法》的作者。你很可能听说过这部经常以这样或那样的形式被引用的著作。

"知彼知己,百战不殆;不知彼而知己,一胜一负;不知彼,不知己,每战必殆。"

那么来自公元前6世纪的军事家和STEM课程有什么关系呢?当然,孙子从来不需要为期末考试临时抱佛脚,你(很可能)也不需要企图毁灭战场上成千上万名士兵,但是为了克服一切磨难,你应该了解问题的本质并且知道如何调动你自己的力量去战胜它。

每个人都有自己的学习风格，而且你很可能在高中阶段就知道哪些适合你，哪些不适合你。如果你不知道从哪儿开始，那不妨就你的学习风格进行一次正式的评估。你所在大学的学术中心会提供像大学生学习与读书策略量表或费尔德指数评估等评估方式。一些学生发现这些工具在制定最佳的学习策略和评估他们的能力与弱点方面很有效。你应该主动采取行动，想想你该怎么做。

不同的课程，即使是同一专业的课程也要求运用不同的学习方法：知识闪卡、讲稿大纲、划重点、练习、小组合作等。生物课上，你也许会想：我需要知道的所有的东西都在课堂的幻灯片上，但是幻灯片无法让我了解整堂课的来龙去脉。所以，我需要浏览教材，再看一遍不太懂的概念，然后努力将每一张幻灯片牢记于心。在物理课上，你也许会选择采用不一样的方法，例如：我要复习笔记，回顾老师推导出最后的公式所采取的步骤，然后花大量的时间去做练习。

这就是我们想说的有意识地学习。弄清楚什么知识最重要，并弄清楚如何让它成为自己的东西，而不是没有计划地努力把知识往脑子里塞。尝试本章提供的新的学习方法，找到适合你的那种方法。

第二步：知道你需要知道的

想要再翻一翻孙子的书，以克服任何学业上的挑战，那么你需要知道有哪些挑战。在每门课开始的时候，浏览一下教学大纲，上面会列出作业和考试的日期以及要达到的最低分数线，从而了解课程要求。你应知道每一次考试、测验、作业、项目对你的最终分数的影响。通常，老师会给出学业分数所占百分比（比如，期中考试占60%，作业占10%，期末考试占30%）。

新进校的大学生总是低估老师上课的质量。每一位老师都有他或她自己的教学风格。一些老师会出很难的题目，而另一些则不会。一些老师也许会选择出特别难的试题，但阅卷时宽松；一些老师则可能直接从课本里摘选题目。你应当与过去上过同一老师课的同学聊聊。通过了解老师对你的期望，才能集中学习高效而有用的知识——那些在课堂上最重要的知识。

第三步：识别能帮助你成功的工具与资源

通常，学生们要等很久之后才能得知他们的课堂表现——第一次考试、第一次实验报告或第一篇论文。不要等到遭遇第一次糟糕的分数被打击后才去寻求帮助，而应在每个学期初始时就弄清楚你可利用的资源。不要期望有人看见你溺水就会扔个救生圈给你，要主动向老师、助教和同学寻求帮助，参加老师办公答疑时间的讨论，确定怎样才能最好地提升你的学业表现。你不是他们看到的第一个学习有困难的学生，自然也不会是最后一个。实际上，你的老师很可能可以提供给你一些有用的策略作为指引。你还应该与已经上过这门课的高年级同学聊聊，以了解他们的经验。通常，他们会告诉你一些有用的信息，如老师的教学风格、课堂期望、需要学习的重要理念，甚至是你从未听过但对本课程有用的教科书或网站。你所在的大学也许会为学生提供其他可用的资源，如同伴辅导和讲座笔录。

有计划地对待上课

> 80%的成功来自从不缺席。
> ——伍迪·艾伦

第一步：上课之前

上课的首要法则就是亲自去。上课的第二个法则还是亲自去。课堂是首要的也是最好的学习入门方式。除非把上课内容录制下来，否则你只有一次机会亲眼看到和亲耳听到课是怎么上的。无论是雨天还是晴天，是雨夹雪还是下雪，每一堂课都要出席。

起床、刷牙、步行去上课、在报告厅坐下，这一系列的行为会比你躺在床上、在电脑前看讲座的视频更让你有动力去认真听课。如果你错过了某堂课，那么，为了弥补该堂课所花的时间和精力会比你一开始就去上课要花费更多。此外，如果你已经接触过这些材料，自主学习就会变得容易得多。仅是按时上课就已经让你领先于那些在寝室呼呼大睡的人。

如果你还需要更多去上课的理由，那就算算你缴纳的大学教育费用。本书在撰写时，美国私立学校每一年的学杂费平均下来超过30000美元，公立学校为9000美元——现在肯定不止这么多了。稍加推算即可发现，假如你逃了一堂两小时的课，你已为逃课时间支付价值125美元（私立学校）或37.5美元（公立学校）的大学教育费用。这还没有算上为了补回错过的课程所花的时间

算笔账

每学期的学费/每学期课堂的小时数=每小时的学费成本

每小时的学费成本×每堂课的时间=每堂课的成本

成本。

将这组数字写下来，贴在一个看得见的地方，每当你感觉自己要逃课的时候，认真地盯着它看一眼。

当你置身于报告厅时，请坐在前排。大学入门课程的教室大而且同学间互相不认识。如果坐在前排，你会更有参与感，同时也会因为直视老师而不会感到困倦。你也不会因为你前排的学生玩游戏、发短信、浏览社交网络而分心。还有，别和那些不认真听课、交头接耳或者对课程不感兴趣的人坐在一起。从老师开始发言的那一刻起，你唯一要关注的应该是老师努力传达给你的内容。

上课要有备而来。大多数教授都会建议在听课前预习相关材料。预习并不像听课本身那么重要，但是浏览一下准备材料会帮助你大概了解上课时可能包含的内容（有关这一点，本章稍后会详加介绍）。

第二步：上课期间

记笔记会促进你积极聆听讲课内容并为考试或测验提供基本的学习材料。记笔记的时候，你的目的是记录基本的概念以及能支撑这些概念的相关细节。应总结这些知识点，不要逐字记录老师所说的所有内容，否则笔记会很长，自己再回顾学习的时候也会很难理解，并且会影响听课本身。

注意每一个概念是如何在讲课中体现的。为什么这一点很重要？这一信息是如何与前后的概念相衔接的？如何验证该信息的正确性？耶鲁大学分子生物物理学和生物化学专业的一位名叫萨拉的学生建议说："学生应不断试着弄清楚为什么这些信息会出现在这样的背景下；不停地问自己为什么正在讲到的这些信息与整个课堂是相关的，或者是重要的。这会激励你在课堂上保持专注，让之后的细节学习更简单。

快速记下你认为之后应该认真复习的问题和概念。如果你想在课上问一个问题或是你发现老师犯了一个错，不要害怕说出来，可能其他人也正有此疑问。如果你还有更多的问题，那就在下课之后在你还没有忘记的时候再去问老师或稍后自己再重新回顾一下这些概念。

记笔记

对于生物、神经科学等没有大量特殊符号的课程来说，在笔记本电脑上记笔记也是一个很棒的方式。Word文档、谷歌驱动文件和电子笔记本都使得编辑、保存、分享变得容易。有些学生在课堂上录下音频，之后再借助音频填补笔记中漏掉的部分。

在物理、数学和化学等含有表格、公式和练习题的课程上，用纸或写字板记笔记。可以考虑使用四种颜色的可伸缩的圆珠笔（黑色、蓝色、红色和绿色）。多种颜色是令你的笔记既清晰又便于理解的好方法。比如，在化学课上，用红色表示电子，蓝色表示箭头，黑色表示化学结构，这会让记录化学反应更加容易。

记笔记的技巧

在初中和高中阶段，你已接触过各种各样记笔记的方法。多数学生使用的是康奈尔方法的一种变体，这是在20世纪中期由沃尔特·波克所倡导的。在这种版式下，学生将纸面分成2或3列，将讲座内容记录在第2列，提示信息记录在第3列。课后，学生立刻复习笔记并填写关键词（也称为"线索"），并在第1列将笔记组成不同的组块。这可以帮助学生之后重新加工这些信息并整理笔记，类似于表3.1所示。

表3.1　20××年9月5日，生物化学，讲座2

关键词/提示	课堂笔记	备注
分子的互补性	分子的互补性： 各成分相互融合，共同作用； 控制蛋白质的互动	不懂，问老师
多肽中氨基酸的连接和分离	连接：缩合反应； 分离：水解反应	写出两个反应过程，可能会出现在考试中
二级结构	二级结构：多肽链内部折叠形成的常见结构，包括α-螺旋和β-折叠结构	
α-螺旋	α-螺旋： 普通的二级结构； 骨架中的羧基和酰胺基之间的氢键可以使线序列折叠成稳定的右手螺旋； 固有膜蛋白质的重要结构，如通道； 通过非共价键连接，稳定	课本中有这一指示点

另外一个常见的记笔记技巧就是缩进提纲。将要点顶格记录在最左边，然后另起一行，缩进并写出细节，如下定义和举例子。你也可以通过再次缩进和诸如此类的方式拓展支持论述的细节。

20××年，9月5日，生物化学，讲座2

Ⅰ. 分子的互补性
  a. 各成分相互融合，共同作用
  b. 控制蛋白质的互动

Ⅱ. 多肽中氨基酸的连接和分离
  a. 连接：缩合反应
  b. 分离：水解反应

Ⅲ. 二级结构
  多肽链内部折叠形成的常见结构，包括α-螺旋和β-折叠结构

Ⅳ. α-螺旋
  a. 普通的二级结构
  b. 骨架中的羧基和酰胺基之间的氢键可以使线序列折叠成稳定的右手螺旋
  c. 固有膜蛋白质的重要结构，如通道
  d. 通过非共价键连接，稳定

最后，假如老师在课前就把幻灯片提供给你们了，可以考虑把笔记直接记在演示文稿文件里或打印出来。这样在对照幻灯片学习的时候会非常方便，这对图表多的课程尤其有用。

无论你以哪种方式记笔记，都要保持条理性，这样你以后就可以快速地将笔记搜索出来。在纸张的顶部或文件名上记录下日

期和课题。然后将你的笔记保存在一个很容易接触的地方，如数字化文件、一个扩展文件夹或三环活页夹，这样你就不需要在书包里翻找，然后掏出来一叠皱巴巴的纸。

第三步：讲座之后

尽量在下课后不久就复习笔记。把笔记整理顺畅，更重要的是，标注你不懂的概念。趁着你还记得讲座的内容，浏览你的笔记，通过阅读书本、上网查阅信息、请教同学或去老师办公室请教的方式，解决你的疑问。

打个比方。给你两组字母：一组完全随意拼凑（如，uqkbregyxu），另一组则组成一个单词（如，activation）。哪一组更容易学习并记住呢？当然是第二组。因为你可以用潜在的逻辑去回想包含在这组中的信息。在STEM学科里，没有什么信息是真正无序或孤立存在的。你学习的客观事实总在某种意义上构成一个"单词"，因为它们形成了科学家用来编织自然世界的概念网。比如，你将在有机化学中学到的几百个反应都是建立在重要的原则上的，这些原则让化学反应能够被人理解。那些看起来在细胞里杂乱无章的膜通道、细胞器和蛋白质，每个单独来看的话，似乎极其复杂，但是从连贯的整体来看，就简单多了。

如果你能够领会一个个科学事实是如何互相关联的，这就意味着你对科学有了真正的理解，而不仅仅是知道事实本身。许多新生会犯的错误就是仅仅记住提供的信息。对于科学领域的学习而言，这是很糟糕的；它不仅不能准确地反映科学的本质，而且毋庸置疑是一种低效的学习方法。在你开始学习时，应集中精力弄清楚课堂组织构建的主线，并用相关细节填补空白。

总而言之，对待每一次课，应该这样做：

1. 上课之前
   a. 选择适合该课程的记笔记的工具与技巧。
   b. 简要预习一下将要涵盖的资料。
2. 上课期间
   a. 想想所有的信息如何形成一个连贯的整体。
   b. 记笔记的同时进行总结，不要只是抄写。
   c. 提问，课上或课下均可。
3. 课后
   a. 整理笔记，并在笔记上做标记。
   b. 复习那些在上课期间没有立马明白的内容。

有意识地阅读课本

> 当我们打算吃掉一头大象时，要一口一口地来。
> ——克莱顿·艾布拉姆斯

如果老师布置了阅读任务，那么跟着老师的要求来，但是应把课本当作辅助资料——可以补充而不是代替课堂内容。

那么，你应该如何对待阅读呢？答案是永远要有意识地去读。就像对待听课那样，永远不要把阅读视为一种被动的练习。我们都有这样的时候，即感到眼睛是盯着书本的，但是单词仅是停留在视网膜层面，而没有进入大脑。阅读结束后，你也许已经浏览了这一章，但是你从中汲取什么了吗？答案很可能是什么都没有，而这正是你想要避免的。

第一步：阅读前

在阅读之前，快速浏览一遍阅读材料。注意标题、副标题、表格、例子、数字、公式以及任何能帮助你充实课程问题的东西。快速浏览能使你大致了解文章涵盖的内容，以及它所引导的方向和对于课程的重要程度。粗读内容可以帮助你在第2遍深层次阅读中更加有效地消化、理解内容。

第二步：阅读

既然你对阅读的内容已有所了解，那么是时候填补空白了。如果你上的是注重细节的STEM课程，你需要借助课本去巩固并补充课堂笔记。一些信息也许比其他信息更重要。要注重课堂上所教授的概念。如果课本上的某一概念在课堂上没有呈现，那么很可能它对老师来说不重要，也不会对你的考试有大的帮助。在你想要复习的概念下面画线，但不要满满的都是重点或画线。如果所有的都是重点，那就等于没有重点。

第三步：总结

在每一部分结束的时候，总结阅读中的3~5个重点，并记录在书本边上、或笔记本上、或单独找一页纸记录。这种方式可以真实地体现你是否已经阅读过了。不要逐字抄录课本，这是另一种消极的方式。相反，你应该用简短且易懂的语言重新组织阅读的内容。

记忆技巧

> 理解法律不是死记硬背法律条文文字，而是充分抓住其效力和意义。
> ——马库斯·图留斯·西塞罗

高中阶段，STEM课程大都包含对于事实的记忆——选取的是作为科学建构砌块的基础知识；而大学STEM课程期望你选取这些砌块并就此建造一座高塔。因此，记忆是必要的，但并不足以让你成功地学好STEM课程。

有许多很好的记忆技巧，但是考虑到具体的课程，还是越简单越好。在此，我们将展示两种你已经非常熟悉的记忆方法，不过稍微有点变化。

技巧1：间隔重复

间隔重复记忆是一种学习技巧，它建立在一个简单的事实上，即反复多次接触相同的信息对记忆是有益的。这是常识，不再需要价值数十年的研究证实，但是在过去，在学习计划中实施间隔重复法常常需要勤奋自觉以及运用许多知识闪卡。

幸运的是，现在有了应用程序。

你可以下载间隔重复软件，它会根据你的熟知程度为你组织知识闪卡，这样，你不怎么熟悉的概念会比你已经知道的概念出现的频率更多。你可以制作你自己的虚拟板块(virtual deck)或下载一个网络上已有的。

麦克斯是戈德华特学者兼丘吉尔学者，也是明尼苏达大学神经科学专业的学生，他告诉我们间隔重复法是如何在课程上帮助他的。他说："为加强记忆，可以使用Anki知识闪卡软件，在你出错的时候，该软件会提醒你。我过去一直很怕记东西，直到我发现这个软件。应当花时间将材料整合到知识闪卡中，每天学习，哪怕每天只学习10~15分钟，相关知识在考试的时候也会信手拈来。"

技巧2：有趣的助记方法

助记方法是通过联想的方式实现记忆。你很可能使用过像"Please Excuse My Dear Aunt Sally（请原谅我亲爱的萨利姨母）"的方式（英文首字母相同）去记住运算的顺序"Parenthesis, Exponents, Multiplication, Division, Addition, and Subtraction（圆括号、指数、乘、除、加和减）"或是使用"SOHCAHTOA"去记忆如何计算三角形的正弦（Sine），即对边/斜边（Opposite/Hypotenuse），余弦（Cosine），即邻边/斜边（Ajacent/Hypotenuse）以及正切（Tangent），即对边/邻边（Opposite/Adjacent）（注：以上概念英文首字母组成SOHCAHTOA）。你可能还记得这些记忆方式或它们的变形，这体现了这些语言联想的持久效力。

使用助记方法去记忆并消化吸收大量的信息。例如，将Cranial Nerves（CNs）——脑神经列表如下：

- O：Olfactory nerve(CN Ⅰ)——嗅觉神经
- O：Optic nerve(CN Ⅱ)——视神经
- O：Oculomotor nerve(CN Ⅲ)——动眼神经

- T: Trochlear nerve(CN Ⅳ)——滑车神经
- T: Trigeminal nerve(CN Ⅴ)——三叉神经
- A: Abducens nerve(CN Ⅵ)——展神经
- F: Facial nerve(CN Ⅶ)——面神经
- V: Vestibulocochlear nerve(CN Ⅷ)——前庭蜗神经
- G: Glossopharyngeal nerve(CN Ⅸ)——舌咽神经
- V: Vagus Accessory(CN Ⅹ)——交感神经
- S/A: Spinal Accessory(CN Ⅺ)——骨髓神经
- H: Hypoglossal nerve(CN Ⅻ)——舌下神经

很复杂，对吗？你不仅要记住每一个脑神经的名字，还得按顺序记忆。幸运的是，有助记方法来帮助记忆。每一个神经名字的首字母可以组成像这样的句子：

- Ooh, Ooh, Ooh, To Touch And Feel Very Good Velvet. Such Heaven!
- Oprah Ought Order Tasty Treats And Finally Value Growing Voluptuous And Happy.

你可以决定哪种助记方法更容易回想，但一般来说，比之没什么趣味的形象，学生们更善于记忆奥普拉口诀。越是奇怪，助记方法越是能够植根于你的脑海。这种现象被称为"冯·瑞思特夫效应"；你更容易记住像受伤的拇指那样的事物而不是那些平凡的事物。为能制造出特别能记得住的助记方法，可以把你、你的家人、朋友、宠物纳入真实生活中永远期待不了的情境里。情境越生动、荒诞，就越能更好地令你回想起这种助记方式。

另外，你也可以在网络上找到许多巧妙的助记方法，并把它们纳入你自己的记忆方案中去。

记住,记忆不过是冰山一角。如果你不理解脑神经在身体中所起的作用,那么,仅记住它们的顺序是没有什么意义的。单独的记忆代替不了真正的理解。

处理家庭作业与问题集

> 很多人总是错过机遇,因为机遇总是藏在辛勤工作的外衣下。
>
> ——托马斯·爱迪生

第一步:将你的学习时间惯例化

处理家庭作业最困难的一点,实际上是在你紧张的大学学习中切切实实地坐下来,花时间完成作业。山姆是我们曾采访过的一位来自芝加哥大学的罗兹学者兼戈德华特学者,他向我们建议:"学生们应该在每周的同一时间完成家庭作业和学习功课,从而使学习成为一种习惯。用这种方法,我可以保证在作业完成截止时间之前,一切都是有条不紊的;在我遇到任何问题的时候,我也有时间去办公室请教老师。我也不需为了考试而死记硬背,相反,我会在几天的时间里每天都努力学习一点。这给我充足的时间去消化理解学习材料。"

第二步:将家庭作业视作一种工具

练习题和问题集是STEM课程的主要内容。你应该把这些问题视为评估你学业掌握程度的工具,就像你在集市上看到的强度测试机。你对概念掌握得越牢,就越能更好地击中核心问题。有问题的地方就是你的薄弱环节,之后你就可以集中加强该环节的学习。

解决问题的关键是弄清楚你哪些地方需要花更多的精力,所以没有必要一下子把所有的问题都解决了。在尝试解决问题之前,应该稍微理解下相应的考察材料。将这些问题视作小型的测试,答题时不要窥探答案。如果你有一个问题回答不了,继续下一个。做完之后,再核对答案要点,弄清楚每个问题背后的基本逻辑关系。你需要问问自己这些问题:

- 这个问题要考察什么概念?
- 答案是如何解决问题的?
- 我能否理解这种解题步骤?
- 我能否理解这个答案?

第三步:复习做错的内容

把每一道你做错的或回答不了的问题标示出来。弄清每个所犯错的原因,编一个总清单,列出你需要复习的概念和观点,以改善你对问题的理解。仅仅浏览答案是不够的,你应该重新阅读讲义笔记和课本,问同学或与老师交流,以填补知识的空白。一旦你更好地理解了解决问题所需的概念,你就应该回到你做错的题目,再次尝试去解决。

不断循环这一步骤直到你对问题的答案满意为止。注意,是所有的问题。老师设置这些问题总是有其道理的,而且你可以用学费打赌——家庭作业上出现的大多数问题都会在实际考试中出现。比之在考试中第一次见到某一个问题，在舒适的寝室或图书馆里纠结这个问题自然要好得多。

充分理解材料

> 如果不知道自己的方向，你很可能最终迷失自我。
> ——约吉·贝拉

你也许计划得很好，并投入了很多的学习时间，但是你怎么知道自己真的是在最有效地利用课堂呢？以下一些建议可以确保你真正理解学习过的材料并且最大化地利用课程学习。

建议1：你能解释给其他人听吗？

马克是我们曾采访过的达特茅斯学院物理和地球科学专业的一名学生，就学生们如何测试他们自己的学习情况，他提出了这一观点："如果你不能用非常简单的语言去解释你正努力学习的概念，那么你就没有充分理解。"

如果你不能解释你所学习的内容，你就没有真正地理解。为了巩固你所学的内容，画出图或表格，或大声地说出来。什么是聚合酶链式反应？一些对此概念不甚了解的人就会生搬硬套一些细节，如说：它是一种利用DNA链、核苷酸、引物和酶的化学反应。而真正理解的学生就能对任何一位有一定理解力的非科研人员解释说：聚合酶链式反应就是一种复制DNA某种序列的技术。你应该使自己能够将课程上的复杂概念精炼成简单的语言。

建议2：问问题，尤其是问自己

不停地，不停地，不停地问问题——在课堂上，问自己，问同学。威廉姆斯学院生物专业一位名叫帕洛玛的学生说："不要害怕问问题。深入思考你学习的内容并研习这些材料，使自己真正理解。在寻求答案的过程中应无所畏惧。一旦进入大学，就应更关注对概念的真正理解而不是分数。"在你问问题时，你正挑战目前你对某种想法的理解，因此你会获得提升。即使你认为自己对材料的理解很不错，也应继续问自己：如果这一步错了，会发生什么呢？或是问：为什么这个想法或这一步骤或过程重要呢？或是问：有没有其他地方可以适用？

建议3：充分利用老师的办公答疑时间以及复习课程

老师花费了数年，甚至是数十年的时间，才达到目前对他们所教学科的理解深度，而且每个星期，他们都会花几小时在办公时间就他们的学科解答问题——这是未被学生们充分利用的很好的学习资源。

加入办公答疑也是一个很好的了解你的老师和研究生助教的方式。主动展示你是如何解决问题的，以及哪些步骤是你不懂的。与老师建立好关系可以帮助你在申请工作、奖学金或者研究生院的时候获得很好的推荐信。一个只知道你上过他的课，而除此之外对你一无所知的教职人员，唯一能做的事情也不过是确定你上过他的课并取得了不错的成绩。这类推荐没什么价值，因为你的分数已经在成绩单上列出来了。通过参与老师的办公答疑并问问题，你有机会展示你的努力与热情。

通常，对于基础入门课程和中级水平的课程会在期中或期末考试前提供一些复习课程。这是与助教或老师在一起弄清最后问题的机会，而再次复习最难的概念也许会帮助你从一个新的角度理解它们。另外，必须关注有利于考试的线索与提示。

建议4：与他人合作

一些学生得益于小组学习。只有包括你在内的小组成员有效率，你所在的学习小组才会有效率。没有人想要与不尽力的人在一起学习，所以应选择严肃对待学习并能激励你更加努力的学习伙伴。

在学习小组中，你可以与伙伴们互相交流想法，检查你是否真的理解了课上的概念，从而进一步加强你对课程材料的理解。你可以提前准备一个提纲，列出在小组学习的过程中应该复习的内容，以帮助杜绝注意力分散。若碰到不同意见，让你的学习伙伴解释一下他们的理由，一步一步地来。也许你会帮助他们发现逻辑上的某个错误，也许你能学到你之前没意识到的一些东西。

我们采访了达特茅斯学院生物学专业一位叫亚伦的学生，他与我们分享了以下想法："尤其对于那些问题集不分等级的课堂来说，跟得上学习材料就是一项挑战。小组学习不仅让我为了不拖累小组而不断地做准备，而且通过安排小组学习也帮助我管理了我的时间，从而不被其他课程的学业所干扰。"

建议5：利用软件和在线资源

在网站上几乎没有你找不到或学不到的学科。2002年，麻省理工学院（MIT）宣称会在网上免费发布许多学院课程的资源，由此开创了麻省理工开放课程软件。很多机构开始效仿这一举措，通过Coursera和edX这样的公司开启"大规模网络开放课程"（又叫做"慕课"），并带来免费的教育资源。其中，一个很好的免费学习网站叫做"可汗学院"，它是一家非营利网站，通过短片和交互式练习向观看者教授各种STEM和非STEM课程。

在线课程和"可汗学院"仅是你可以用来补充所受教育的在线学习资源的几个途径。这些课程不会提供大学学分，但能帮助你复习并拓展知识。你也许会觉得你所在的班级或某一门课教得很差，而这些资源会让你摆脱挣扎，真正做到学习。

网络上学习也许是未来的一种方式，但是现在，你确实需要走进班级。原因在于：你不能向一则录音问问题，而且如果你过度依赖网络内容，你可能发现你与去班级上课的学生所学的东西不一样（除非你看的是你自己班的课堂录像）。此外，当你在网上观看视频遇到问题时，你无法获取足够的资源去立马解决这些疑问。最后，当你请求教授写推荐信，或是工作时需要科研同行帮助你摆脱困境时，你就会欣喜地发现，你之前花时间亲自去见老师和同学是多么值得去做的一件事。

可以帮助你学习的工具、软件和应用程序可谓不胜枚举，这里有一些效能工具和学习工具供你参考：

- 正如之前所提到的，像Anki和Memrise这类的间隔重复软件会就你最难消化的概念生成知识闪卡并进行测试。
- Wolfram Alpha作为一个网络计算工具，功能非常强大。
- Quizlet拥有由全球各地的学生制作的海量题库。

- Evernote 和 OneNote 是电子笔记本，可以创建笔记、剪裁网页、让内容易于寻找，并且可以在你的所有设备上同步你的所有笔记。

网络资源更新得很快。事实上，可能还未等到页面上的内容添加完或页面正在加载，信息就已发生了改变。然而，不会改变的是你需要留心那些最新的、能让你的学习变得简单并能用来补充课程的事物。

建议 6：延长你的学习时间

死记硬背不过是让你勉强在考试中过关，但是复习所学的内容可以帮助你理解这些材料并长期记住所学的内容。在考试之前要不止一次地巩固所学的课程资料。这意味着你应该有计划地延长时间以复习这些资料——这是一种被称为"分配练习"的学习方法。通过两到三次的复习，你会加强理解，并提升你回想特定信息的能力。

建议 7：一分耕耘，一分收获

学习并将新的信息牢记于脑海就像锻炼肌肉那样；为了收获，要承受相当多的痛苦和压力。你不可能仅在一次锻炼中就能从骨瘦如柴变得肌肉健壮；同样，你不能指望仅在一次死记硬背之后，就能理解、记住并能运用复杂的概念。无论是身体还是精神，变强都要消耗持续的时间与精力，若能越早牢记这些事实，就越能在学业的困难面前坚守。我们曾采访过的威廉姆斯学院一名叫依帕洛玛的学生说："科学难，但是又很神奇。爱上一门课程并尽可能地学习它。但要记得，只有挣扎过，才表示你是在学习。没有什么比征服你之前与之斗争的事物更令人满意了。"

> **学生经验之谈**
>
> 学术上哪些建议对你来说是有用的呢？
>
> 找最好的老师；他们的激情会激励你，他们的想法会拓宽你的视野，他们在课堂上会教授你原理而不只是事实。
>
> 克里斯（阿默斯特学院，戈德华特学者、丘吉尔学者）
>
> 我会在每堂课结束后的24小时内浏览笔记以确保我理解了所有的内容。如果有自己弄不清的，我会找时间与老师见面，把问题搞清楚。如果需要记一些东西或学一些概念时，我会用一块大的白板，在上面写下所有的过程，直到全部理清。我会在考试前约一周的时间开始准备考试复习。
>
> 罗杰（维克森林大学）
>
> 我认为学习的关键在于努力去享受所有你遇到的资料。即使对于那些不怎么有趣或机械记忆繁重的课堂，我也总是努力将所学内容放在一个较大的情境中，并努力将这一领域所知道的信息与新的信息相关联。这种关联不仅使理解与记忆这些新的概念更容易，而且这种大视图也让整个过程更有趣、更刺激。
>
> 彼得（约翰·霍普金斯大学，戈德华特学者、罗兹学者）
>
> 去参加老师的课后辅导——即使你进去没有问题要问。如果你在课后辅导期间参与进来，你就能通过加深对这个话题的探究而真正加深对它的理解，这样能帮助你巩固基础知识。
>
> 阿尔文（哈佛大学）

> 不要仅是坐在课堂里，要参与进来。积极听讲并做笔记，从而理解材料并将其转化成自己的东西，而不是仅仅记住。即使你的老师更多地依赖于笔记而不是教材，你也要阅读书本，它会让你更深层地理解材料。
>
> 阿莉莎（霍普学院）

为考试和课堂测验做准备

> 一些建议：保持好奇和惊叹的火焰不熄，即使是为枯燥的考试而学习的时候。这是我们这些科学家们汲取营养与能量的源泉。
>
> ——尼克·贺来

在大学STEM专业课程中，考试通常会成为决定你课程分数的最大因素。你很可能认为，努力学习课上知识会让你有良好的状态去参加考试。然而，情况不总是这样，因为准备考试和参加考试有各自的技巧。记住这点，你可以采取以下3步去准备高风险的考试：① 熟知测试的形式；② 尽你所能在考试中调用你的知识；③ 利用分级测试去提升你在未来测试中的表现。

第一步：准备

了解考试内容以及考试形式

至少花一周的时间为期中或期末考试做准备。如果你已经就时间管理和学习技能方面采纳了我们的建议，那么你就应该跟得上课程并已经很好地掌握了课程资料。随着考试日期的临近，你应准备好把你的注意力从第一次学习课程内容转移到为考试巩固知识上来。

以考试为基础的STEM课程经常会提供一些模拟考试或样题，改编自几年前的考试。就像作业问题和习题集，模拟考试是检测和完善你所学知识的工具。

你应该在仿真的考试环境下做模拟测试。如果真正的考试将在喧闹的大厅进行，那你就在一个喧闹的大厅进行模拟测试或解决习题集。另外，心理上要把模拟考试当作真的考试来对待，重现考试环境下的压力程度。你的目标就是能够在压力下回想并分析相关的信息。通过此类练习，压力似乎不那么可怕，而答案也更容易显现。

在核对练习题的答案要点时，应思考以下内容：老师的出题形式是什么？短句、选择题、段落问题？老师希望你的答案达到什么样的细节程度？是考察特定的细节还是不同概念的综合？通过思考被检测的方式，你可以把时间花在学习老师最想让你理解的材料上。

掌握材料

学习时应当关注对你来说不容易理解的材料。虽然这一点是显而易见的，但你会惊讶地发现，克服那些可能困扰你的概念是多么简单的一件事。不要满足于肤浅地了解一个难的概念。如果你在一些概念的理解上有困难，很可能你的同学们也是一样——这意味着你处在班级的中间位置，如果方向没错的话。花时间去理解透彻期望你理解的所有事情，并向你的助教和老师寻求解答。

自己设定问题

如果你真正了解教材,你还可以预测老师会在考试中出哪些题目。在某种程度上,你是在换位思考,去预想她会如何测试你。这是提炼你知识的最后一步。

比如,塞缪尔是我们曾采访过的一位戈德华特学者兼罗兹学者,他发现反推的学习方式很有用:"举个例子,如果一道作业题给出了3个数值,并让我从中计算出答案,那么我就会试着设定题目,给出答案和其中两个'给定的数值',去反推出第3个'给定的数值'。这种方法让我在考试中更加灵活地运用概念。"将一个问题拆分成不相连的部分可以帮助你去理解被测试的是什么,是如何被测试的,以及一个概念是如何在同一题目中以不同的变式被运用的。

你也可以记录下对于你来说有挑战性的概念或者大量重要的事实。这会帮助你回想并预测考试中会出现怎样的新情境,而不是简简单单地浏览所做的笔记。

第二步:考试表现

自信、专注、放松

在任何大型考试之前的晚上都要休息好,另外要吃有营养的东西。你需要精神饱满地去考试。如果你做不到这两件事情的话,你的大脑会一整天都处于迟滞状态。

此外,保持对考试的积极态度,回避那些想去抱怨他们怎样没好好学习或他们认为考试会多么难的同学。不管你准备得是否充分,增加压力只会影响你的考试表现。

在考试前一小时吃点零食,补充点水分,并放松一下。一旦开始考试,要全身心地投入进去。也可以考虑考试时戴耳塞或消除噪音的耳机。

记录你的时间

戴一个手表或计时器到考场以记录你的时间。尽可能多地浏览问题,不要在你有时间去在其他问题上得分的时候将时间都耗费在一个特别难的问题上。如果你遇阻了,把问题标记出来,稍后再回来解决。也许你会发现解决另一道题,再回头解决刚才的难题时你会有新的视角和新的解题方案。

稳坐不动

即使你早就完成了考试,也不要离场,不要去在意有谁离场。在考试的剩余时间里,不断地检查、再检查你的答案。你必然会在答案里发现错误——计算错误、答案填错了框。这些都是可以避免失分的地方。此外,相信你的直觉,并回想测试的难点或看起来古怪的部分。通常,你会发现你对一个问题的理解是错误的,需要做很大的修改。

保持积极的态度

如果考试比你预期的似乎要难,不要因此沮丧,应保持积极的态度并相信你的准备。据一位名叫萨拉的耶鲁毕业生说,如果你在考试中遇到障碍,"不要害怕,要积极!这很难——但你只需要集中注意力,关注你知道的东西。在考试中要回想你知道的东西,而不要担心你不知道的或感到迷惑的东西!"

很多老师在出考题的时候会设置一些富有挑战性的题目，这样就可以拉开分数。然后老师根据学生们在分数曲线上的排名给出分值。即使你完成的过程很不顺利，但并不意味着你做得不好。不管它有多么难，坚持做下去，集中注意力，完成考试。

在你离开考试大厅的时候，你很难不执拗于你做得如何或你做错的题目，但是这时候担心对你一点好处都没有。做一些有趣的和恢复体力的事情，作为对自己努力学习的奖赏，这些是你值得拥有的！

就像某些人在大型表演之前会有怯场的经历，个别人也会经历考试焦虑。适度的紧张或许能促进你在考试中的表现，但如果紧张影响到你的充分发挥，那就读一读本章接下来的部分，看看如何应对考试焦虑。

第三步：考试后分析——弄清楚在哪儿犯的错

将试卷交给老师并不是你考试经历的结束。一旦你的试卷被评过分并返还给你，阅读下评分人的评论，并把你的答卷与答案要点相对比以弄明白出错的地方。这样做有两个原因：第一，助教和老师会出错，尤其是在大规模的STEM入门课程中要评改数百份试卷。发现一个评分错误并不稀奇。第二，你可以在已完成批阅的考试中弄懂是在哪儿出错的，正如运动员观看赛后重播那样，精神是一样的。

如果你写错了一道题，肯定有某种原因。检查一下试卷以让你重新追溯思考过程，弄明白你是如何把自己带入一个错误的答案。回顾考试会让你认识到此类你可能在考试中出现的错误——这对提升你的考试技能很重要。在你的学后测验分析中，理解正确答案并不够。历经一段时间之后，这种考试的回顾过程会帮助你成为更自信的考生。下面列出的是一些学生们在考试中最经常出现的错误，以及你如何解决这些问题。

没有理解被测的概念

这是学生们做错题最常见的原因。他们没有时间或没有付出必要的努力去理解被测试的题目。学习的时候，要不断问自己是否真正理解了你正在学习的概念，并且可以向以前从没听过的人解释。这会训练你将所学的事实组织成连贯的整体。

理解错题目

你是不是做题太快了？也许你需要多花一点时间去消化问题。另一方面，如果你不确定题目在问什么，你可以在考试期间请老师解释。关于问题的性质，他也许不能帮助你，但如果他可以回答的话，还是值得一问的。

计算错误

考试中写出你计算的每一步会将计算错误降到最低，即使确实出错，你的演算过程也能说明你对问题的理解，可能会给你步骤分。要反复检查你的运算，对于每一道以运算为基础的问题，问下自己："这个数字可信吗？""单位对吗？"若问题是"在芝加哥有多少钢琴调音师？"而你的答案是1000万千卡，那么这儿给你提了个醒，你在前面计算的地方出错了。

没有时间完成

这可能是考试中最难处理的问题之一。如果你需要更多的时间，这就表明你对考查内容的理解没能很好地达到应有的要求。也许你需要强化练习，这样你会更快地解决问题。如果班里几乎没人能完成试卷，那么这更有可能是你的老师或出题人的水平问题；但是，如果考试时间已到，而你是唯一一个仍在努力答题的人，在这种情况下，你要意识到自己的不足。

不知如何答题

如果在考试过程中，你发现自己不知如何回答某一题，不要什么都不答。与SAT考试不同，不是答不对就扣全部分，在大学里除非你的老师明确提出，否则，你不会因为答错题而扣分。如果你遇到一个完全不会的问题，先大概写下你认为与之相关的概念。开始想与问题相关的话题，也许会唤起你的记忆，并让你知道如何一步步接近问题，至少，你可能因为涵盖合适的内容获得部分分数，而空白页面毫无疑问是没有分的。

学生经验之谈

该怎样为考试做准备？

关注高频考点。学习你的老师想要你了解的内容。

瑞恩（加利福尼亚大学洛杉矶分校）

质疑一切。特别是在证明的过程中，那些看似明显正确的步骤往往不一定对。与其他学生合作，即使仅仅是互相交流想法。尽量不等到最后时刻。

萨拉（密歇根大学）

> 一遍又一遍地做题,直到每一个步骤都十分清楚。你也可以与他人详细讨论概念,从而记住各个途径,以及了解实验是如何进行的。
>
> 颖超(加利福尼亚大学伯克利分校)
>
> 浏览笔记完全是一个回想与合成的过程,你很容易有种错觉,你认为你了解这个材料,并且可以将它解释给同龄人听或应用于考试。但是,这种浅显的认知不同于深刻理解,也不能达到教授他人的水平(一种最高的理解形式)
>
> 克里斯(拉菲特学院,富布赖学者)
>
> 每晚把每一份作业都抽出一点来做,齐头并进。我发现抽出部分作业并将不同的概念混合起来是一件更加令人放松和有趣味的事情。当然,将一道难题留到第二天晚上,让理解沉下来,有时来自于多种领域的思考会立马带来出人意料的见解,这种难得的体验总是很棒。腾出时间参加课外活动、锻炼和社会生活同样重要,而且,有了一份更具规划的时间表,意味着你几乎不需要整晚都用来学习。
>
> 彼得·(约翰·霍普金斯大学,罗德学者、戈德华特学者)

在实验室作业中脱颖而出

实验室作业使你将课程中所学的内容应用于基于现实的模拟场景中。总而言之,实验室作业通常可以分为两种:以实验为基础的作业和以课题为基础的作业。以实验为基础的作业要求你去确认本领域已经被广泛认可的观察结果。例如,你会在一间普通的物理实验室,用一辆带传感器的玩具车去做一个动力学实验,来确认已知的位置、速度、加速度之间的关系;或是解剖一只蟑螂以了解消化系统的基本生理机能。与之相反,以项目为基础的实验室作业要求你将在课堂上所学的概念整合成一个新的课题等,如采集学校后院的岩石样本或启动用户友好界面以搜索在线数据库。

对于不同的STEM课程,实验室作业的种类也会有所不同,而"实验室"实体空间的范围也可能会有不同。

高中与大学课程的一个主要区别就在于讲课和实验。高中时期,需要做实验时,每个人都站起来,两两结对,到教室后面操作20~40分钟。然而,在大学,许多STEM专业的学生每周会为了实验部分付出额外的2~6小时的课外时间。一些大学甚至会允许你将上课和做实验安排在不同的学期(如在秋天进行有机化学的授课,而在春天进行有机化学实验)。研究生和有经验的高年级助教们会监督实验部分,但是授课老师也会偶尔过来打个招呼。接下来,我们会就如何为实验做准备,如何高效地完成实验,以及如何将实验结果组织成一篇连贯的、成功的实验报告,提供一些技巧上的帮助。

了解实验安全

在你第一次走入实验室之前,你就要阅读介绍实验安全和行为的相关文件。当然,这条建议更多的是针对涉及化学品和重型机械的实验。必要时,应配备适当的个人保护设备,如手套、实验外套、护目镜,或是其他鉴于实验的性质所需的东西。为保证实验安全,应当足够小心。

工作和数据要真实

在所有的实验中,都有可能出现你没有得到预期结果的情况,这是科学进程的一部分。然而,尽管真实的研究实验会根据需要重复并调整,但是你的实验作业是需要在规定的时间内完成的。特别是以实验为基础的作业,你也许没有时间进行重复,但是,作为一名科学工作者,报告你的发现并解决错误和困难是你的责任。无论你的发现多么偏离预期结果,不要捏造或窜改数据,不要复制你朋友的工作或数据,也不要让你的朋友复制你的工作。

在科学界伪造数据是非常严重的不端行为。如果哪位科学家被认定为了证实他的臆测而有如此行径,那么他将被取消拨款、剥夺荣誉并被开除工作。伪造数据违背了科学的内涵,即在可检验性实验之上建立我们的真实知识。所以,即使你有奇怪的数据,也要保持结果的真实性。你或其他任何人都有可能最终弄砸实验。练习得越多,获得的成果就越多。

为实验室作业做准备

你应该如何为你的实验室作业做准备呢?首先,获取实验室材料清单,仔细阅读上面的说明,凡是不懂的要做笔记,并询问你的同学和助教。

为了熟悉实验室作业中涉及的概念,你要认真阅读你的课堂笔记,以及实验室手册中援引的相关内容。这些内容可能是从课本或科学文章中摘抄的几页,内容是鼓励你完成实验作业的一些发现。找到原始材料往往不失为一个好办法，它不仅可以强化你对材料的理解，而且可以用于你后面的实验室报告。

下一步，简明扼要地总结实验过程的重要步骤。将实验说明总结成一系列步骤，并编上号。在带有化合物和化学试剂的实验室里，实验室指导员会要求你在《材料安全数据单》（一种有关物质特性和危害的总结）中查找你在实验中所需的化学用品，并在实验笔记中做好安全预防措施记录。无论这是否是正式要求，对你熟悉实验中要用到的东西来说（比如，不要徒手触摸固体氢氧化钠颗粒），不失为一个好主意。而且，实验中你会记录很多数据，你应在实验室笔记本中准备一张实验中用来填写的表格。这样，你在做实验的时候就不需要再做这些事了，因为你还有很多其他事要做。

在为实验室做准备期间，想想如何能够最大限度地利用有限的实验时间。比如，如果离心机需要花30分钟才能得出结果，那么在此期间你可以做些什么呢？你能清洗下玻璃器皿吗？你能称量一下稍后需要用到的物品吗？你能花时间记录下实验吗？如果你在过去曾有过做饭的经历，你会发现这种工作方式对你来说已经很熟悉了——煮意大利面的时候磨碎干酪，牛排在炉子上烤的时候切洋葱，等等。有效使用规定时间会帮助你更有效率地将事情做完，并且会尽快地走出实验室。

最后，确保在实验前吃得好，头天晚上睡得香。这会令你保持清醒，在做实验时清楚周围环境。即使你要做的事情就如将一种液体倾倒入另一种液体中那般平常，为了最大限度地保证安全，你也应该全神贯注地投入实验。

总之，每次实验前，你应该做到：

- 阅读实验室手册。
- 浏览可供参考的背景阅读（期刊论文、课堂笔记等），以了解做实验的动机。
- 在实验室笔记本上简洁明了地记录重点内容。
- 想清楚如何有效使用"停滞期"。
- 了解安全预防措施。

实 验 期 间

在做完所有阅读和大量笔记后，你可以开始做实验了。但是，你之前也许从未进过真正的实验室！什么是通风柜？玻璃器皿都在哪里？所有的东西都在哪里？我知道我要用顶端为黄色的200品脱微型移液管去测量100微升的缓冲溶液，但是我不知道它们都在哪里！

不要担心，未来的实验专家！你会找到方法的。大多数学生在进入大学时实验经历非常有限，如果不是零的话。你的一些同学也许比你知道的多一点，但是大部分会和你一样困惑。不要害怕。

开始做实验时，仔细遵照步骤。一开始，穿上所需的安全装备，熟悉物品的位置，清洁工作台。从一个步骤过渡到另一个步骤时，利用好停滞时间。如果你接触的是危险物品，要有安全和使用常识，在任何你需要的时候寻求帮助。如果你不确定该怎么做，就问出来。

记下整个实验期间你的观察结果和所有得到的数据，把它写在你的实验笔记的步骤旁边。在实验过程中你做得越详细，你写实验报告的时候就要处理越多的材料。多写总比少写好。然后，在离开时，再次确认你已经完成所有的目标，并清理工作台。

实验后：实验报告

许多实验课程会要求写实验报告——理论、过程和实验结果的总结。实验报告的最初目的，就是教你如何记录实验数据和结果，使你了解科学写作。前几次写实验报告也许很难完成，但是你会发现它们非常公式化，并且内容你应该已经知道——简介、方法、结果、总结等等。

写实验报告最好的时间就是在实验之后。因为那个时候材料仍鲜明地印在你的脑海里，你能快速地将报告拼凑出来。提前将你的实验报告完成好，这样，在你得到奇怪的结果或需要澄清问题时，你就有时间问问题或去实验室助教的办公室咨询。

抄袭、篡改、剽窃，万万不可！

抄袭在大学很泛滥，特别是在像STEM一样的高压专业里。约有75%的学生承认在大学抄袭过，这个数据已保持50年不变。

然而，学术造假降低了你和其他人所受教育的价值。而且，它最终会剥夺你未来成功的基石。为了有争议的短期获利而冒长期的风险是不值得的。如果被抓住的话，学术造假的"红字"会萦绕于你的整个学术生涯之上，因为研究生院和专业学校的申请会询问你是否受过任何制度上的处罚。

为大学生解决难题

> 大学毕业生和自学成才者的区别与其说在于知识掌握程度,倒不如说在于活力和自信的程度。
>
> ——米兰·昆德拉

在本章的最后,我们将探讨,当你课程学习遇到困难时,如何改善你的表现。你越早发现、认识你的弱点并解决它,你在大学就会做得越好。这里,我们将谈及一些大学生最常见的障碍,以及跨过这些障碍的建议和技巧。

我觉得教材很枯燥

在世界的某一处地方,有人奉献了她整个职业生涯去研究你觉得枯燥的某门学科,也有人耗时数年去写一本教科书,然后一家出版公司花费数千美金去设计、添加图片并印刷这本书。简而言之,许多人认为这本教材既重要又有用。

这似乎是在打亲情牌,但这却是要铭记于心的东西。也许你正在学的并非最近的重大发现,也许你正在学习的是某一领域的入门知识,并不像其他内容那样吸引你。教授们和科学家们选择的是他们最感兴趣的领域,但是,他们有时候也会对他们所在领域的其他方面感到厌倦。一门学科无法做到100%的内容都是有趣的,这很正常。但是逐渐地,你掌握了一定的科学知识,你就有能力多去上你喜欢的课,而少上那些你不喜欢的课。你应该努力弄明白在你之前的科学家们,是什么让他们愿意付出一生去研究这一领域,并且承继他们的热情。

我拖延的太多了

在你真正应该学习的时候,你也许更喜欢网上冲浪或与你的朋友交谈,或许你拖延你的课业仅仅是不想为此烦恼。拖延对于每个人来说都有诱惑力,但是许多成功的理科生能够抵挡这些诱人的召唤。这里有些建议,可以帮助你重返学习:

- 一些学生拖延是因为他们没有学习的动力。如果你是这样的话,告诉自己你仅需花十分钟的时间就可以完全专注于你需要做的事情。而且有可能当10分钟结束时,你会想要继续学习。
- 给自己一个无法拒绝的承诺,如果完成学习了,就给自己一个奖励。
- 告诉你的家人或朋友你的学习目标,让他们督促你。让他们核实你是否有了进步。
- 想象一下,如果你拖延了,结果会怎样。设想一下当你看到分数时,会怎样地彻夜难眠、焦虑,心情跌到低谷。相反,如果你投入了足够的时间和努力,并得到了A^+,你会感到多么惊喜。

我无法集中精神

后退一步,想清楚哪些东西在阻止你集中注意力。答案可能很简单,比如水没喝足、食物没吃饱或者睡眠不充足等等。只要微调一下你的日常习惯就可以改善你的注意力。你的注意力也可能因为日程太满而受到影响。许多学生会发现他们奔波于朋友之间或者各种课外活动之间，而没有时间或精力放在他们作为一名学生这一最重要的角色要做的事情上面，那便是学习！认真看下你的记事牌，只保留对你最重要的人和事。说不或拒绝机会也许是一件困难的事，但从长远来说你会更加快乐，也会有更多的时间留给你自己并且投入学习上。

如果你无法集中注意力，那是因为你在高中阶段从没有真正地鞭策过自己，请记住：增强注意力需要时间和练习。这里，我们提供了一个改良后的学习技巧，它曾为乔治城大学的计算机科学教授和学习技巧博客的作者卡尔·纽坡特所用，仅用一个秒表和纸就可以完成。

首先且最重要的是，为你自己设立一个学习目标（完成一套习题集，阅读教科书章节等）。接着，将自己置身于一个安静的地点，用秒表计量自己在注意力开始分散前可以学习多久，确保计时器仅在你专注于任务的时候运转。在你感觉注意力要溜走的时候，按下停止按钮，记录你花在学习上的时间。然后，休息片刻，重新设置秒表，一旦再次学习，再次开始为自己计时。这次，努力将时间拉得更长，时长至50分钟。想象你是在为学术马拉松训练，想着刷新你的个人最好纪录。

每天晚上增加一点花在学习上的时间，将数字记录在单独的一张纸上，这样坚持个三四天。为自己计时可以让你客观地衡量自己在给定的一天中所完成的工作量。但要记住：有效的学习并没有必要花费很多的时间，最重要的是保证你的学习目标得以实现。如果你继续挑战自我，你将能集中更长时间的注意力，而不易分散注意力。

拥有第一（或第二）学年艰苦的体验

许多学生都对大学学习和生活感到有点不知所措。事实上，有时有这种感觉很正常。大学学业不同于高中，它更难，涵盖的内容也更多，而且你的大学同学通常比高中生更聪明，更发奋图强。此外，在大学你被视为成年人。一个18岁的新生和一名21岁的高年级学生学习同一门数学课，老师会把他们置于同样的标准去考量。总之，当你进入大学，你就已上升到一个新的教育水平。

为了提前了解学业上会存在哪些挑战，你应该仔细阅读教学大纲，与你的老师交谈，与高年级学生交流，了解你预期的工作有多少。另外，了解学校的学业政策，如课程的形式能否以通过或者不通过的形式体现，或是哪一天是可以退课而不会在成绩单上显示"放弃"或"未完成"的最后一天。

不要忽略你在大学会遇到的非学术挑战，如独立生活和适应新的社会情形。这些都会占用你大量的时间和精力。你要创造新的支撑结构，并且与你的室友就每日的活动进行协商。交友、加入群体和做出超出你舒适范围的决定，这些都会给你带来压力。同样，你需要为你的饮食、资金、健康和时间管理做出决定。

在这些压力下，学生们为之奋斗也不足为奇，同时，他们在自己的地界里努力平衡所有的事情。你上大学后新获得的独立也许令你感到愉悦，但同时也会令你筋疲力竭。为防止你在新的选择面前疲于奔命，你应该考虑一下什么对你来说是重要的。有多少时间适合聚会，又有多少时间应该花在学习上？你是愿意与朋友外出过夜，还是愿意为了考试而复习呢？了解你个人的局限和价值会令你做出舒适的选择。

那就是说，在第一或第二学年，你仍然可能会为赶上课程进度而烦恼。有可能在你还没打好基础时，课程就已经变得越来越难。许多学生会发现他们在前两个学期的成绩在走下坡路。不要因为过去失望的事情而情绪低落，从错误中吸取教训，通过改变学习习惯而集中精力转变为向上的学习轨迹，向朋友求助，与你的学业指导老师交谈，等等。分数的走势就像一个山谷——上升，然后随之下降——你需要显示出你克服学业障碍的能力。

我正与超出能力之外的事情做斗争

在一门赋值很多分的重要作业或考试中做得不好，会拉低你整个学期的分数。有时这归咎于一个简单的、本可以很容易改正的错误，如忘记交作业的截止日期。你的一些老师也许会原谅一个短期的判断失误（更可能发生在入学之初），但是不要依赖于他们的仁慈。你最好是从中汲取教训，再继续前行。

你的学业也可能会被一些难以预料的困难所干扰，如家庭突发事件、所爱之人的离世或突发的疾病。这些可能的情况也许无法避免，如果存在某种突发事件，可能会影响你在校的安排，那么，你应该立即联系教务长和老师。老师们和行政人员都清楚，生活不会按计划运行，如果你提前与他们沟通的话，他们会根据你目前的困境，与你一起制订出一个计划。

如果学校离家很远，当你的家庭发生灾难的时候，你可能会更加手足无措，这时你需要依靠你在大学时交结的支援团。大学也配有相关资源，如专业的咨询师，他们会帮助你应对灾难事件对你的影响。学校希望能帮助你渡过难关。

我有那样一个老师

不是所有的老师都是公正的。事实上，有些老师远比其他老师更加公正。老师的品质可以直接影响你这一学期学习的质量。如果对于同一课程，你可以在不同老师间进行选择，要争取弄清楚哪些老师具有奉献精神，且公平公正，哪些不是。不幸的是，许多老师的教学水平很糟糕。他们会制定不合理的打分曲线，要么布置过量的作业或者几乎不布置作业，要么学生见不到老师的面。尽你所能去调查不同的老师是什么类型，然后找出那些真正关爱学生的老师。

你拥有许多可任意支配的资源，可收集关于你未来课程和老师们的信息。你的学校也许有测评老师的系统，你可以使用。也有许多为课程或者老师打分的网站，如ratemyprofessors.com。要知道那些不嫌麻烦在线评价的人，很可能对某一课程或某一老师怀有特别强烈的想法，要么是好的，要么是坏的，因此，比较中庸的观点也许没有。最后，你可以咨询曾参加过同一老师课程学习的同学。如果关于这个老师你收集不到任何信息，或是教这门课的是新老师，那就在添加或放弃这门课的最后期限前，考虑体验几堂课，然后决定是否要继续学习这门课。

一些老师对教材非常熟悉，以至于他们不清楚如何向一个还不知道这门教材的人解释。如果你觉得此类情况正发生在你所学的课堂上，那么与老师谈谈怎样能更好地为这门课做好准备。在办公时间与老师谈谈，或和老师预约一个时间，探讨你怎样才能很好地理解材料。不要将过错归结于你的老师们（不管他们怎样有过失），这一点很重要。

如果你做出了上述努力，但境况仍然没有改善的话，你应该考虑借助学习材料，这在本章之前的补充资源部分有提及。如果你正在接受的教学不够充分，那你就自己去找能提供你所需信息的讲座、教材和示例。最差的情况是，找教务长或指导教师沟通，考虑退出这门课，下学期再学。

我对考试感到焦虑

所有的学生在参加小测试或考试之前，都或多或少会有点焦虑。事实上，些许的紧张完全合乎常情，甚至还会有助于考试。然而，当焦虑极大地阻碍了学生去回想相关事实或理性地思考问题时，考试焦虑或怯场就造成了一个问题。遭受考试焦虑的问题时，学生也许会感到非常担心，不相信自己，机体也会出现一些症状，如肌肉紧张、手心出汗、头晕、恶心。

大学学术中心会有一些资源，可帮助学生应对考试焦虑。如果你感到焦虑已经严重阻碍你在课程中的表现，告诉你的学术指导老师，他会为你提供必要的健康资源。焦虑应该被视为严重的情况，因为它的确如此。

有些事情总是有压力，不管你曾做过多少次。在越南战争期间，一项对海军飞行员的研究表明：在降落飞机时，有经验的飞行员的皮质醇（一种由压力和焦虑触发的荷尔蒙）水平与没有经验的飞行员的一样高。有经验的飞行员没有克服压力，他们仅仅是变得更加适应。你曾参加过很多大型考试，并因此进入了大学，但是这并不意味着你在大考之前和大考期间不会紧张——你很有可能紧张。你只是可以更好地处理这些压力，其中的关键在于了解并接受这些压力。即使你感到自己了解所有情况，模拟考试本身同样重要，不仅是为了了解会出现哪些问题，而且会让你适应压力重重的考试环境。

尽管应对压力很重要，但是也可以采取一些措施使压力最小化。例如，如果你在考试前或考试期间感到紧张，花30秒的时间平静地吸气和呼气，专注于空气进出肺部的运动。这是常见的处理压力的技巧，而且它会促使你集中注意力，关键是它会带你回到现在，专注于你此刻要做的事情。在真实的考试中，不要一直想着失败了会怎么样，也不要想有可能获得的成功。集中注意力于你正在做的事情上，以及怎样你可以做到最好。

学会应对考试压力需要实践和时间。如果你计划去研究生院或职业院校，更多的考试在等着你。你应该现在就开始学习如何处理好压力，有效地参加考试。

结 束 语

现在你该知道你的课程、实验、考试等对你有什么要求了吧。回顾这些建议和列表，在你开始你的课程的时候想到这些，灵活地去探讨你在高中阶段还没尝试的新技巧。祝你在迈向本科STEM专业的世界中一帆风顺！在下一章，我们会讨论不同的STEM专业，并帮助你在其中做出选择。

第四章
选择STEM领域的一门专业

在第二学年结束时或更早些的时候，你需要选择一个专业——你在大学专门攻读的研究领域。一个专业由不同课程组成，目的是让你深入熟悉一个学术领域。通常，这些专业课程占据大学课程的三分之一到二分之一。顺利完成该专业是你取得学士学位的要求之一。

本章，我们将概述以下专业：

生物；
化学；
计算机科学；
地球科学；
工程学；
数学；
神经科学；
物理。

以上专业共同构成了STEM领域的基础。

我们还会在本章讨论选择具体专业时的注意事项以及准备阶段的挑战。我们希望本章内容能从以下各方面帮助你更好地理解每个专业：

这个专业是关于什么的？
这个专业由哪些分支构成？
我需要参加哪些基础课程？
我很可能面对什么挑战？
我要做什么才能成功？

> 这个专业会引导我从事什么职业?
> 我可能对这个领域感兴趣吗?

即使你已经选择好了专业,我们也希望你能完整地读下这些总结——你可能会对你有意选择的专业和广阔的科学世界有新的发现和认识。

确定专业

如果你进入大学,却不明确自己想学什么,那么,确定专业可能是件困难的任务。看看本章我们提供的关于不同专业的描述。我们在本章提供了关于专业相关的信息,可以让你了解到你可以选择哪些专业。大学/学院根据专业分成不同的部门,每个部门拥有自己的教职员、资金和侧重点。你的辅导员可以在专业和课程选择方面提供帮助,但是辅导员不可能对学校的每一门专业都有详细的了解。为了全面了解你所在学校不同专业的真实情况,你可以请求辅导员把你介绍给其他你可以与之交谈的人,包括在校学生、应届毕业生,还有一些老师。

一种典型的选专业的方式就是,在新生第一年,去上各种各样专业的课程,思考你最喜欢什么,然后再依据你掌握的信息做出选择。想清楚你想从事哪种类型的职业,弄清楚你将精力集中在哪一块可以让你为其做好最佳的准备。另外,在做出最终的专业选择之前,看看第七章关于职业选择的部分。

根据一些消息,多达80%的学生至少会更改一次他们的专业选择。老实来说,早点改主意比晚点好。一些学生也许会发现要在四年内完成所学专业是有些困难的。特别是那些选择了不止一项专业的学生，还有那些准备出国留学、准备职业生涯规划或者申请读研的学生，困难是绝对存在的。安排好一门专业所需的所有课程就很困难了，更不用说你所在的学院还要求你参加额外的课程。早点计划能让你的课程安排难度在可控范围内。这会让你避免耗费更长的时间才能毕业，也能让你避免支付额外的学费。关于每门专业的细节信息，如选专业的最后期限、你需参加的课程、授课教授、课程次数等，都会公布在大学网站上。了解这些细节，你就可以为你的大学生涯做好规划。在入学之初花几小时去做计划，可以让你在今后节省时间和金钱，少些麻烦事。

总的来说，在选择专业时，你可以借助以下五个步骤：

- 开始思考你感兴趣的科目。
- 研究专业要求。
- 开始跟了解你所感兴趣专业知识的人交谈。
- 阅读第七章有关职业的内容，研究对你最有用的技能和课程。
- 根据学校课程清单，罗列出你每学期需要学习的课程。

在第五步的基础上，你除了要列出专业课程之外，还需注意有哪些毕业必需的课程、个人兴趣课程、为了出国留学和外语项目而需要你抽时间参加的课程以及研究生项目和职业项目的预备课程。还要关注那些不止满足一项要求的课程，这样就能一石二鸟乃至三鸟。要确保避免每学期的课程量过多而使自己不堪重负，要确保参与耗时很多但很有价值的活动，例如准备研究生管理专业入学考试（GMAT）、美国研究生入学考试（GRE）、法学院入学考试（LSAT）和医学院入学考试（MCAT），或者为了参加研究生院、专业学院和工作面试而全国各地跑。当然，哪怕是完美的计划也会出错。课程可能会被取消，你之前计划好的事情可能会因太难完成而不得不中断，你的兴趣也许会随着时间而改变。随时准备好接受可能发生的变化，但是，提前准备好一个可以稍加更改的计划可能会让"即兴表演"容易一些（见表格4.1）。

表4.1 大学课程计划样表

医学预科生，生物医学工程专业（BME），即将开始的普通化学高级课程（∫）、物理-力学入门（∫）和微积分1&2（∫）预修学分

年级	秋季	冬季/春季	夏季
新生	化学151： 　有机化学Ⅰ+实验∫* 工程学53： 　工程学计算方法* 数学103： 　中级微积分* 写作20： 　学术写作讲座‡∫	化学152： 　有机化学Ⅱ+实验∫* 工程学75： 　固体力学* 文学112： 　现代汉语 　电影‡∫ 数学107： 　线性代数&微分方程* 开始寻找研究机会	暑期研究
大二学生	生物101： 　分子生物学∫* 数学108： 　常微分方程&偏微分方程* 机械工程83： 　固体构造&性能* 物理学62： 　电磁学导论和光学	生物医学工程153： 　分子医学电子学与测量Ⅰ* 生物医学工程171： 　信号与系统* 心理11： 　心理学概论‡∫ 统计学113： 　概率与统计* 开始寻找研究和临床志愿服务机会	暑起研究 临床志愿活动

续表

年级	秋季	冬季/春季	夏季
大三	电影102： 　　纪录片简介 生物医学工程100： 　　细胞模型&分子系统* 生物医学工程154： 　　生物医学电子学与 　　测量Ⅱ* 心理学103： 　　发展心理学‡	生物103： 　　普通微生物学∬* 生物医学工程190： 　　生物医学工程项目* 生物医学工程202： 　　生物材料和生物力学* 生物医学工程207： 　　输送现象：生物系统*	暑期研究 临床志愿活动 准备MCAT考试
大四	生物化学301： 　　生物化学导论∬* 生物医学工程462： 　　发展中国家的设计* 生物医学工程493： 　　生物医学工程项目* 生物医学工程567： 　　生物传感器* MCAT考试准备 开始寻找"间隔年"工作	生物医学工程494： 　　生物医学工程项目 生物医学工程590： 　　高级课题课程* 公共政策590： 　　科学&科技法&政策‡ 参加MCAT考试 准备医学院的申请材料 确定"间隔年"计划	申请医学院 出国 准备"间隔年"
间隔年	"间隔年"工作 医学院面试	"间隔年"工作 医学院面试	放松，为医学院学习做准备

*专业课程（或专业选修课）；‡毕业指定选修课；∬医学预科课程。
表中的数字指不同的课程水平，数字越大，表示课程标准越高。

> **学生经验之谈**
>
> ### 关于专业选择，学生应该知道什么？
>
> 学习你真正喜欢且为之着迷的专业。如果你不需要时时刻刻学习来跟上大家的话，你会发现拥有平衡的生活并不难。
>
> 杰夫（加利福尼亚大学伯克利分校）
>
> 你的本科专业不会将你局限在某一领域，认识到这一点很重要。毫无疑问，打下坚固的根基是一个漫长的过程。科学课程的大部分是关于学习如何问问题和如何去靠近科学领域——在这个领域我们每天都在发现新的东西。我不会因为你的学位证上所写的内容而对你妄下结论。
>
> 格兰特（印第安纳大学）
>
> 不要认为你选择了什么专业道路，就不得不一直走下去。如果你发现了更加有趣的事情，不妨去追逐它。这听起来可能很啰唆，但是，假如你从未离经叛道，那么离开既定的平坦大道对你而言会很困难。
>
> 阿尔文（哈佛大学）

专业，双专业，辅修科目

在大学教育期间，你需要完成一门专业以及其他大学规定的毕业必修课程（如获取所有的课程学分，参加特定的"通识教育"课程，达到累计平均绩点的最小值等）。有时候，学术兴趣广泛的学生会考虑修两个甚至以上的专业。那些想要学习并展现他们在某一领域内的专业知识，却不能或不想完成一个专业所要求的所有课程的学生，会考虑选修。选修是个人的第二研究领域，与主专业相比，它要求完成的课程要少得多。你已经修完的任何主专业课程或辅修课程都会在你的成绩单上显示出来，以证明你在这些学科中所达到的精通程度。

如果你有足够的理由证明传统的专业设置不能满足你的学术追求的需要，学校可能允许并为你设置独一无二的专业。STEM专业的学生并非都喜欢这种选择。STEM课程往往以其他课程为基础，因此，定制专业在其课程设置上的混合搭配几乎是难以实现的。但是不管怎样，如果你对你想做的事情有特殊的想法，且有细致的计划，这也许是一个可以考虑的选择。

最后，一些学校还会授予毕业生专业荣誉。荣获专业荣誉的毕业生通常需要完成一份荣誉论文——一个包含独立研究和研究论文写作的复杂过程。这篇荣誉论文可以显示出学生投身某一学术领域的决心以及学术研究经验的深度。请注意：获得专业荣誉和荣誉毕业不同。荣誉毕业通常意味着学生拥有较高的大学累积平均绩点，并且会授予学生荣誉称号，例如：cum laude（三等优秀）、magna cum laude（二等优秀）、summa cum laude（一等优秀）。另外，专业荣誉仅仅代表你在该专业里的优秀表现。更多关于荣誉论文和本科生研究方面的信息，请参阅第五章。

总之，你可以完成任何你感兴趣的专业课程和选修课程的组合。然而，在一定程度上，你没有时间或者没办法做到灵活安排，以便参加更多的专业课程或选修课程。因此，如果你想学的不止一门专业，就应在入学之初做些计划。不止选择一门专业，既不能说好也不能说坏。如果你想花更多的时间就一门学科学得更深，或与之相反，想在课程的选择上更灵活，单一的专业可能更好。如果你未来的职业要求你拥有多门学科的证书，或者你只是无法选择哪门学科更喜欢，那么，双主修或选修也许更能满足你的需求。

> **学生经验之谈**
>
> 是什么促使你决定选择一门辅修课程或者另外一门专业？
>
> 最初，我计划双修生物和化学。我真的喜欢做化学作业，因为它给人很强的心理刺激。然而，我又意识到如果我选择将化学作为辅修专业的话，我能提前一个学期毕业。我可以省下一个学期的学费，我还可以在上医学院之前去生物组织工程实验室工作一个学期，于是就那样做了。
>
> 罗杰（维克森林大学）
>
> 毫无疑问，研修双专业就意味着要失去参加许多不同的学院课程的灵活性……如果你能做出独特而适当的课程安排，让自己保持足够的热情和快乐，那么这种牺牲就是值得的。
>
> 萨拉（阿默斯特学院）
>
> 我在校期间一直都喜欢数学和物理，而且我不想在大学里完全放弃这两个领域。我想，第二专业和专业辅修应该都是不错的选择。如果是为了填充简历内容，我不建议再选择第二专业或辅修专业，选修课程应该被视作一个机会，这可以让你获得更加丰富的大学经历和学习更多你真正想学的知识。
>
> 彼得（约翰·霍普金斯大学，戈德华特学者、罗德学者）

申请竞争激烈的专业

在一些大学，某些专业非常受欢迎，以至于没有足够的空间去容纳所有想去学习的人。这些严格筛选的项目也被普遍认为是"竞争激烈""受限制""人满为患"的专业。受限专业通常会要求学生完成一份申请，以证明他们在这一领域有兴趣和能力。该申请包括已完成的专业相关的课程作业、学业能力倾向测验（SAT）或美国高考（ACT）分数、预修课程（AP）或国际文凭课程分数、平均绩点、推荐信和个人陈述等材料。

如果你计划申请一个受限专业，你需要掌握申请期限和先决条件等信息。等到可以申请的时候，抓紧在截止日期前的几周填写申请。如果你得写个人陈述的话，将你的草稿带到你大学的写作中心，让朋友读一读，给该专业的高年级学长看一看，获取他们的反馈意见。

在你申请一个竞争非常激烈的专业时，想一想你是否有一个可接受的专业候补选项，你已完成的课程对于该专业是否适用。如果你的第一专业选择被否决了，你就要考虑其他选项了。你可以重新申请或对该否决提出上诉吗？如果可以，请与你的专业教授或者其他导师见面讨论可以采取什么步骤以改进你的申请。如果没有可能，请准备B计划，选择相关领域的一个专业，还可以辅修你的第一选项的专业。请记住，你所申请的院校更关心的是你的工作技能而非所谓的专业。

如果可以的话，请尝试学习你的首选专业提供的技能，你可以选择自学、实习和精选课程，从而实现目标。举个例子，假如你本想选择计算机科学专业，但没有成功，那么你可以试着自学编程语言，利用暑假的时间到科技公司实习，并参加任何适合你计划和安排的计算机科学课程。

跳过入门课程

在许多大学里，新生已经拥有某些科目经验，不必再上入门课程，甚至还能以之前的学习或工作而直接获得学分。你有各种方式来展示你既有的经验，例如，取得了大学预修课或国际中学会考的高分，在高中阶段选修学院或社区大学的课程，或者通过了大学的新生测试。如果你能够以新生的身份获取学分的话，我们非常鼓励你这样做——这会让你离毕业要求更近。事实上，这也许能助你早点毕业，为你省下一大笔学费开支。

你是否应该在第一年就跳过入门课程，这是一个比较复杂的问题。一方面，跳过入门课程让你更早参加高级课程或参加一些你原本可能没时间学习的新课程。另一方面，你可能会觉得，与那些学过入门课程的同学相比，你准备得不那么充分。大学预修课考试和国际文凭考试通常不会反映出大学入门课程的难度。另外，直接选修高级STEM专业课程的新生将面临与那些已经选修过入门课程并已达到大学水平的高年级学生竞争。许多STEM专业课程是累积的、有次序性的；过去的课程会以更复杂的形式再次出现，而如果你先前没有掌握它的话，就会遭遇挫折。

即使你的学校允许你跳过一门课程，并可以得到学分，研究生院和专业学院也有专门规定，哪种学分符合他们招生的先决条件。比如，研究生院可能依然要求申请者参加大学统计课程，即使他们已经获得了AP或者IB学分可以直接跳过这门课程。如果你决定去研究生院或专业学院的话，这些要求值得我们稍后进一步研究。

简而言之，过去的学术经验可以让你进入高级课程和提前毕业的快车道。关于入门课程,你仅仅需要补一些知识漏洞的话,你完全可以靠自学补足,然后直接参加高级课程!在咨询过高年级学生和教授之后,如果你觉得还需要时间适应大学课程的节奏,那么你就还需要上入门课程。即使你已经决定跳过这个部分,我们还是建议你至少选择一门STEM专业入门课程,来感受一下大学的学术要求。试着在理想情况下挑战自己,又不至于压力过大。

> **学生经验之谈**
>
> **学生应该略过入门课程吗?**
>
> 我不会在第一年就凭借大学预修课而急切地进入高年级课程。在决定准备大学预修学分或者预科课程申请之前,可咨询一年级辅导员,还可以考院系的预修课程,以便更好地了解自己是否已经准备好。
>
> 亚伦(达特茅斯学院)

生物学概述

> 对我来说,我们对生物了解得越多,尤其是对我们自己了解得的越多,生活就会变得越陌生。
>
> ——刘易斯·托马斯

生物学是有关生命的科学。这门科学包含构成生命基础的分子、分子组成的细胞、细胞组成的组织和生物以及不同生物相互竞争与合作共存的生态系统。生物学涉及的范围很广,但是,它同样遵循生命基本特征的原则——将主题组织成可以理解的体系。

生物学的分支——某些学校可能会为许多生物学分支设置单独的专业——包含以下领域:

- 生物化学:研究组成生命有机体的分子及其在生物活动中的角色,如新陈代谢和细胞运输。作为一个交叉学科,生物化学与分子生物学部分交叉重叠,要求学生有有机化学方面的背景知识。大学的生物学系或者化学系都会提供此类课程。
- 生物信息学:利用计算工具去收集、整理和解读大量的生物数据。该学科特别要求学生拥有计算机科学和数学方面的背景知识。
- 细胞生物学:研究生命的基本单位,包括细胞的变体、功能、构成和生命活动。
- 计算生物学:与生物信息学相似但有区别,计算生物学是应用数学和计算方法处理生物研究问题的学科。
- 生态学:研究生命有机体与其环境之间的互动和关系的学科。
- 进化生物学:研究促进生物多样性进程的学科。
- 遗传学/基因学:遗传学研究遗传性状和基因及其表达在生命体和种群中的变化。基因学则进一步深入,研究基因——包括基因和非编码的DNA序列——实现显性表达。
- 微生物学:研究诸如细菌、病毒、真菌、某些寄生虫和原生生物之类的微生物,每一种微生物都可以分别成为科学分支——细菌学、病毒学、真菌学等等。

- 海洋/水生生物学：对水生有机体的生理机能、行为、生态等方面进行多学科研究。
- 分子生物学：从结构和功能角度研究蛋白质、DNA和其他维持生物反应的重要大分子。
- 神经生物学：从生理机能、细胞和分子层面研究神经系统——大脑、脊髓和末梢神经。神经生物学也可被视为神经科学的分支。
- 植物生物学/植物学：关于植物及其演变、发展、生理机能、遗传、生态效应、价值等的多学科研究。
- 生理学：研究生命有机体内的器官、细胞和分子过程的形成及作用。
- 动物学：从演变、行为、生理机能、发展、生态学方面研究现存的或已灭绝的动物。

这些专业的学生要拥有化学、数学和物理方面的基本知识，能够理解生物过程，他们还需要学有机化学、生物化学等。

生物系的课程设置通常从一系列的入门课程开始，以检测学生在细胞生物学、遗传学、进化论和生态学等方面的生物学基础知识。许多课程需要学生花时间做实验或去户外研究。修完入门课程之后，就可以选择中高级课程，在某一门或多门生物学分支学科里专注学习研究。

你的专业的研究类型取决于你选择的学科分支。如果你选择的是分子生物学，那么，你会在装有空调设备的实验室里汲取样本，扩增DNA序列。如果你感兴趣的是环境生物学，那么你将会置身"荒野"，在收集和制作野生生物标本的同时还要防止蚊虫叮咬。但是各种研究形式之间的界限是不固定的，而且任何生物学分支的研究都会与其他学科的研究出现重复和交互。比如，植物生物学家在促进遗传学的发展上发挥了重要的作用。1983年的诺贝尔生理学或医学奖由植物学博士芭芭拉·麦克林托克获得，她之后在遗传转换方面有重要发现。

如果你的大学附属于医学院或学术型医院，你或许有机会进行转译研究和临床研究，前者寻求利用基本的科学原理去理解和改善人类健康，后者直接涉及受试人体。比如，医学研究可能涉及研究药类化合物的有效性、新的研究方法或医学设备的发明。

优秀的生物专业学生往往会记忆和回想许多不同的事实（例如，"生命的3个领域是什么？""哪种细菌用革兰氏染色后可见？"）。毕竟，生命是很复杂的，不能用一个简单的方程式来描述。在多种多样的生命体中，总有一些有机体和蛋白质不符合我们对生命方式的理解，因此只能依靠记忆。另一方面，非常优秀的生物学专业的学生擅长记忆，也善于整理他们所学的内容；他们会记录下许多小细节，按照逻辑的方式分析整理，使它们形成一个完整的图画。

职 业 前 景

在许多工作中，生物学专业学生的学位都有用武之地，其中就包括医疗保健咨询和实验室研究或实地调研。然而，因为与其他的STEM专业相比，生物学的分支并不多，所以它在其他领域的应用有限，越来越多的生物学专业的学生选择继续进行研究生学习或者参加专业学校提供的额外训练。生物学课程是进入健康科学类专业院校的必备条件之一，生物学专业的学生通常选择从事医疗健康方面的工作。事实上，医学院的学生在本科时期普遍选择生物学专业。

> **来自本专业学生的专业建议**
>
> 生物学专业的学习方式并不是一成不变的。一成不止一个。生物学领域辽阔，跨越多种学科。它触及许多相关的思想学派。例如，我的一些同学利用他们在计算机科学上的才能深入研究计算生物学，或利用物理学知识研究显微成像。要敢于以个人激情作为引导来为自己定制个性化的生物学专业学习方案。一旦你拥有良好的生物学基础，就可以充分利用你的选修课程去学习生物应用。
>
> 萨拉（阿默斯特学院）
>
> 当老师们告诉你要记住氨基酸等知识的时候，他们是认真的。学习生物学肯定需要学习大量的知识，而纯粹地记住知识也是你必须要做的。有些生物学机制会非常复杂，因此你必须在脑中画出一个框架以理解老师在课堂上教的概念。
>
> 杰夫（加利福尼亚大学伯克利分校）
>
> 为了理解生物学领域并着手解决科学问题，你首先需要了解大量的事实信息题。你应该付出很多时间不停地复习课上讲述的事实性信息，还要试着构建不同知识点之间的联系。
>
> 埃伦（达特茅斯学院）

化学概述

> 不惮辛劳不惮烦,釜中沸沫已成澜。
> ——女巫·莎士比亚《麦克白》

化学是一门科学,它解释分子以何种方式形成可见世界的构成部分。通过化学专业的学习,你可以逐渐理解不同分子之间以何种方式相互作用,科学家和自然界如何创造和破坏分子的结构,以及你如何运用新发现的实验技能操纵这些结构。

有些人不仅想要研究那些有绝对的量化答案的问题,还想要研究那些仅能依靠创造性思维或者古老而简单的反复试验才能弄清楚的问题,对于他们而言,化学是一门伟大的专业。化学处于各种学科交叉点的位置,有些我们用数学就能描述清楚,有些太过复杂或者我们知之甚少,难以用一组公式来表达清楚。

化学的基本分支包括:

- 分析化学:鉴别和测量物质的组成部分。
- 生物化学:研究维持生命的代谢反应和促使其发生的酶。
- 计算化学:利用计算机模拟现实世界的化学体系并进计算。
- 无机化学:研究周期表上除碳以外的所有元素,以及它们形成的化合物。
- 有机化学:研究构成所有已知生命基础的元素——碳,以及该元素可以形成的多种多样的化合物。
- 物理化学:物理和数学知识在描述和理解化学现象中的

应用。物理化学的主要分支包括热力学、动力学和量子力学。

所有这些化学分支都涉及原子和分子，但是每个分支又截然不同，它们对于内容和思考的类型都存在差异。

化学专业的第一部分是一系列关于普通化学的入门课程，这些课程会教基础的术语和原理。微积分学和物理学的基本课程是开启更高级的化学研究之前必修的课程。修完这些入门课程之后，化学专业的学生往往需要大约一年时间学习有机化学和物理化学，还要学习一些无机化学和一些生物化学课程。总之，所有这些课程都会涉及大量的实验指导和课堂上的理论指导。

一些学生也许会选择主修某个特定领域的化学专业。这些学生面临的课程要求或多或少地有所不同，但是，不同化学专业之间相同的课程则更多。化学专业的学生在大学毕业时，通常须对化学的每个主要分支都有广泛的了解。

作为化学专业的本科生，你学习并使用的许多技术和流程，真正的科学家们实际上每天都在实验室里使用。有机化学课程很可能会用到嗡嗡作响的大型的设备和复杂的管道系统，还会有在复杂的玻璃器皿中冒泡的多彩液体——这些都会被用来合成碳基分子。你将会在生物化学实验室里分析小滴清澈液体中所包含的蛋白质、DNA、碳水化合物、脂肪，它们是形成生命的基础成分，并且可以溶解在液体之中。你在课程当中做过的实验将很好地引导你进入科学研究的世界。

在我们结束化学专业的介绍之前，我们想重点提一下有机化学课程作业。有机化学课程耗时多且要求严的坏名声通常使得有志向的科学家和医学预科生受挫而不敢继续学习这门课程。这个名声并不完全名副其实,因为有机化学课程虽然耗时多、要求严,但它同时也是令人为之着迷和享受的一门课程。学习有机化学有一点儿像玩乐高积木或搭建汽车模型——都是关于如何建构分子。有机化学专业的学生甚至会经常购买分子模型的玩具,将其组装起来以更好地理解分子结构!该学科需要学生学习大量的信息,但是每个知识点都是可以学到的,只不过需要实践来掌握它们。如果你花时间询问老师、高年级学生和毕业生的话,他们都会帮助你。而且,许多学生发现,有机化学课程学习的快节奏,为将来有效地学习STEM专业课程做好了非常充分的准备。

职业前景

毕业来临时,许多化学专业的学生考虑去化学工业或制药领域工作,或继续去研究院深造,或去医学院深造,甚至会考虑去与其专业不相关但高度量化的领域工作,如金融行业。除了提升自身的量化分析和推理能力,化学专业的学生还可以学到许多实验技术方面的知识。化学专业的学生身上所展现出的学习能力与勤奋努力正是很多行业所追求的。

来自本专业学生的专业建议

学习化学有趣且有回报的部分包括提高解决问题和批判性思考的能力,但是在你真正钻研之前,你必须得在本学科的术语和原理的学习上打下坚实的基础。学习各种各样命名的有机化学反应或弄清楚生物化学中的狄拉克符号也许很枯燥,但是如果你早点将它学好,你之后就能真正地具有创造力。

斯坦(加州理工学院)

重复就是一切。一个概念你看的次数越多,你记起的次数就越多。学化学的好处就在于它没有那么多事实性的东西要死记硬背。早点获得批判性思考的技能很重要,它可以助你有效地解决问题;聪明地学习而非刻苦地学习……很多时候,学习就是我坐下来读书和做许多练习题。

雷切尔(古彻学院)

你要确保你跟得上课堂学习资料。化学的一切都建立在之前学习资料的基础上。如果你对一个地方有疑问,很可能你不能充分了解新的资料。如果课上对某地方有疑问,请阅读书上的有关章节,试着做几个习题,还可以在课后辅导时间请教老师。我发现,在理解异常难懂的资料时,我需要有人为我解释一些概念的意思,给我做些演示,然后我自己再去亲身实践。

丹尼尔(克瑞顿大学)

计算机科学概述

计算机科学不仅仅是关于计算机的科学,就像天文学并非只关注望远镜一样。
——艾兹赫尔·戴克斯特拉

计算机科学的应用是多方面的,也是现代生活不可或缺的一部分。3D模拟软件、语音识别程序、智能电话等——这些发明都已成为现代商业、制造业和交流的工具。在过去几十年的时间，像谷歌和苹果这样的技术公司已经成为经济格局中的巨头。

然而，计算机科学涉及的不仅仅是开发计算机应用。根据戈德华特学者、史密斯学院的毕业生艾米莉的说法，"人们在考虑计算机专业时，他们中的许多人想的是学会多种程序语言，但是计算机科学也在于理解计算机理论和信息系统。这是该专业的3个同等重要的独立组成部分，能使你成为一名合格的计算机科学家"。一些计算机科学家甚至可能不用电脑。这类科学家可能会将他们的时间花在找出最有效地解决问题的方式上或哪种类型的问题是可以解决的。

选择这个专业，你可以学到计算机科学的理论和应用。因学校而异，你可能需要参加涉及数据结构、算法和理论基础方面的课程。除此之外，你可能还需适应高等数学课程，如微积分、线性代数和统计学。许多科学问题和社会问题都可以通过计算机的方式进行模拟和分析。除了计算机科学，如果你还精通其他学科，你会发现你拥有一套独一无二的技能，可以利用你的计算机科学背景来回答与这个学科相关的重要问题。

因为计算机科学是一个相对较新的学科，它关注的范围也会因学校而异，随着该领域的扩张，它会在未来一段时间处于不断变化的状态。也就是说，计算机科学领域里受到普遍关注的点包括：

- 算法：关于利用一步步的公式或操作解决问题或执行特定功能的研究。
- 人工智能：研究如何利用软件和硬件来复制人类在学习、智能行为和思考行为方面的能力。

- 计算机功能结构：通过检测计算机本身的组成部分及其相互关系来研究计算机的设计。这个学科与电子工程和计算机工程有交叉的部分。
- 计算科学：应用以计算机为基础的工具以解决其他STEM领域的问题。
- 数据库科学：研究和开发组织、检索和分析大量数据。
- 数字艺术/数字设计：数字媒体的研究与创造，包括模型和动画制作。
- 软件工程:关于软件设计、开发和评估的研究与应用，尤其注重新工具和产品的开发。
- 理论计算机科学：利用数学研究计算方法。

虽然分数是能力的重要指标，但是在计算机科学方面，实践经验可能更加重要。我们曾与许多计算机专业的学生交谈过，他们都建议想从事计算机应用方面工作的学生应该建立在线档案，以向将来的雇主展示他们的作品。在线档案可以包含已完成的课程作业，但是，最能吸引人的通常是试图解决现实问题的一些项目——例如可以帮助学生对教授评分的项目或者可以在智能手机上显示食堂每日菜单的应用。它们能展示你的创造力和主动性。参与课程之外的项目可以让你潜在的雇主估量你在计算机科学方面的激情和能力，给你提供一个拓展知识的机会。

总之，一个能在计算机科学专业方面有所成就的人，能够做到长时间思考问题，并找到解决问题的逻辑方法。此外，许多要求具有计算机科学背景的工作也需要与没有计算机科学背景的人合作。因此，拥有解释复杂概念的能力很重要。

职业前景

随着现代技术在所有商业领域的应用,大多数计算机科学专业的学生选择进入私人企业也就不足为奇了。对计算机科学的毕业生来说,软件工程和系统分析是两类普遍的职业。软件工程师设计出程序,用户可以利用这些程序在他们的电脑设备上运行。系统分析员利用计算机科学去分析公司需求,然后设计相应的信息系统以满足这些需求,由此可让组织更有效地运行。

实习非常重要,它可以提供专门的在岗培训,对于毕业后找工作会有竞争优势。实习面试时,申请者通常会被盘问各种技术问题。其中可能包括编码难题、关于计算机科学的理论问题、关于曾参与的项目和经历的细致询问。因此,你应该为面试做好充分的准备和大量的研究学习。

目前,超过四分之一的计算机科学专业的学生在大学之后取得了硕士学位,他们希望硕士学位能让他们拥有更好的工作前景。相比之下,很少有计算机专业的学生会去读博士学位,选择读博士学位的主要是对学术感兴趣。计算机专业的研究生课题包括数据操作、机器学习和知识表示。最好的一点是,不管对于博士生还是本科生来说,计算机科学专业的研究都具有多样性。许多学术科目,甚至包括人文科目,都需要计算机专业的科学家们帮助他们开发工具,以进行数据的管理和分析。合作研究的机会很广泛。

来自本专业学生的专业建议

在英语课堂上，写一篇文章和写一篇好文章是有区别的。写好一篇文章真的很难。但写一个程序，要么可行，要么不可行。而一旦可行，写一个可行的程序和写一个可行的优秀程序就有区别了。

艾米莉（史密斯学院，戈德华特学者）

学习计算机科学最重要的建议也许就是保持冷静和镇定。在你第一次编程却遭遇一个故障时，保持冷静和镇定尤其重要。修复程序错误最好的方式就是别沮丧，问问自己"我下一步要怎么做？"，告诉自己你需要多花一些时间在这个事情上是完全没问题的。对我来说，我要做的家庭作业就是，当我卡在一个问题上的时候，不会焦虑而是坚持解决问题，这样我学到的才会很多，我解决问题的能力才会提升。

阿兰（斯坦福大学，戈德华特学者）

知道计算机专业是否适合自己，这点很重要。计算机科学并非适合所有人，如果不喜欢计算机科学而又强逼自己学习，这是痛苦的源头。早点搞清楚，你是不是很享受花连续数小时编程的那类人……计算机研究需要建立灵活的方法，借鉴应用科学和跨学科的研究与实验。积极主动地设计新程序，提出新想法。在计算机科学领域，尝试新东西几乎不会让你失去什么，而且与其他科学科目相比，也不会耗费太多时间。

宏宇（达特茅斯学院，戈德华特学者）

地球科学概述

> 好好度过每一个季节,呼吸新鲜的空气,畅饮美酒,品尝水果,尽情享受这一切。
>
> ——艾兹赫尔·戴克斯特拉

地球科学如同地球本身多种多样。地球科学家们寻求的是行星形成、构成地球地质结构的本质,甚至是生命的起源和演变这些问题的答案。他们也努力去弄清楚人类怎样更好地与环境共存。多种多样的人类知识都属于地球科学的范畴。

由于地球科学的多样属性,在不同的大学,专业名称也会不同,甚至拿着同样的地球科学专业毕业证的毕业生修的是完全不同的课程。这门专业有时也被称为"地质学",但是这个词语是一个有点过时的提法,因为地质学实际上是地球科学的一个学科分支。

拥有数学、物理和化学等方面坚实的知识基础,对于理解地球形成的多种作用力和过程是非常重要的。这意味着对于地球科学专业的新生来说,他们在第一年可能要学习许多其他STEM专业的入门课程。由于这个原因,假如你之后想改变主意不学地球科学了,那么,很可能你依然在完成另一门STEM专业的"正轨"上。同样地,已经开始学习其他STEM专业的学生也会发现很容易过渡到地球科学专业。完成必要的课程之后,专业课程会变得更加多样。地球科学专业的学生会继续学习一些地球科学各个分支的课程(尤其是那些规模较小的没有设置特别细化课程的学校),或者他们会在本科阶段就专注于某一地球科学的分支继续学习。

地球科学的分支包括：

- 地质学：研究构成地球的固体物质。
- 地球物理学：关于地球物理过程的跨学科研究，例如火山、地震。
- 地理化学：研究地球的化学成分和进程，如岩石的化学构造。
- 大气科学：研究大气层、天气、气候和影响以上三者的过程。
- 海洋学：关于海洋的跨学科研究，包括流体动力学、不同地区的海水成分、地质时间层面上的海洋变化以及海底绘图。
- 古生物学：根据岩石记录，研究演化和地质进程。
- 水文学：研究地表水(河流)和地下水。
- 地球环境科学：利用地球科学去理解和改善自然环境。
- 地球生物学：研究有机体与环境之间的相互作用，以及生命与地球的共同进化。
- 行星科学：对于那些厌倦了只能研究单一星球的学生而言，行星科学可以让他们理解地球和其他星球（这些内容在物理系也会教授）。

野外考察是地球科学专业的一个非常重要且独特的项目。走进自然去观察岩石的构造、收集样本、绘制地质图，这些可以让学生真正理解他们在教室里学到的知识。这个专业的许多课程都有实地考察的部分，除此之外，大多数学校都会要求进行一个为期多周的项目——到一个奇妙的自然地（想想死亡谷、内华达山脉或去太平洋的海航）磨炼他们在地球科学方面的技能。与上课相比，和他们的教授在这些地方跋涉能让他们以私人和随意的方式去更好地了解他们的老师。地球科学家们通常热爱徒步、攀岩或喜欢简简单单的"在户外"，但这并非是硬性要求。更不用说，许多学生发现正是他们在户外的这些经历帮助他们做出转而去学习地球科学的决定。

除了实地考察，实验室技能和计算机或数学建模能力对于这个专业非常重要，特别是对于那些想继续去研究生院的学生来说。

地球已经存在了几十亿年，但是从很多方面来说，地球科学还是不断演变的年轻领域。解决一个诸如行星大小这样的问题可能会用到各种不同的背景。哈佛大学地质化学专业的毕业生爱丽丝说："地球科学是一个讲究友好协作的领域，因为它跨很多学科。那是文化的一大部分。"

职业前景

人们普遍认为环境保护的需求不断增长，因而具有地球科学方面能力的人对雇佣者来说更有价值。此外，通过这个专业获得的分析和量化技能可以广泛应用于从法律到计算机模拟等各类职业。尽管如此，直接从事地球科学相关的工作机会往往不多。地球科学专业的学生往往选择继续读研究生，而且，在很多情况下，拥有了研究生学历后才能从事与地球科学有关的行业，如石油或矿产勘探。对于有明确的职业目标的人而言，融会贯通地球科学与诸如公共政策等其他领域的知识有助于他们拥有独特难寻的技术优势。学院里也会为要完成博士学位的学生提供一些工作机会。而其他想要从事可以用到地球科学背景工作的本科学生可以在环境咨询、小学教学、中学教学、实验室、政府部门（如美国国家海洋和大气管理局、美国地质调查局、州地质调查局）等领域和在非营利组织工作。

随着最近因水文压裂技术的发展与利用引起的石油勘探的增加，以及石油行业专家的老龄化(其中许多人从20世纪70年代晚期就受雇于该行业)，对于想要从事石油行业的年轻地质学家们，机会也就增多了。

来自本专业学生的专业建议

地质学研究地球和地球历史。地质学家使用岩石和其他诸如冰等的自然物质作为重建地球历史状态的指标，并预测未来的情况。如果你喜欢大自然和旅行，对你来说地质学是一个很好的专业。这是一个跨学科的专业。我喜欢学习生物、物理和化学，喜欢整合所有这方面的知识。和同学一起学习和做作业对于促进学习非常有用，因为只有其他地质专业的同学会有相同的知识基础。

卡丽（密歇根大学）

要想学好地球科学就要不断重复、每日练习、实地经历、花时间研究所学的内容和问许多问题。在徒步旅行和享受户外活动的同时，尽力运用课上所学的知识。这尤其与矿物学、构造地质学和地球进程有关。

洛厄尔（达特茅斯学院）

地球科学是一门高度综合、跨学科的专业，相应来说它有助于我们思考怎样将物理、数学、化学等知识应用到地质学之中。"大图景"很重要,但是细微区别同样很关键。记住物理学公式很容易,但是要试着把公式与你所学的地震知识联系起来,或者与气候数据分析结合起来。地球科学所涉及的广度正是我一直迷恋它的原因,对于生物学、生态学、天文学它都有涉及。

克瑞斯(拉菲特学院,戈德华特学者、富布赖学者)

工程学概况

> 乐观的人说杯子一半满。悲观的人说杯子一半空。工程师看了看杯子说:"杯子的空间没有优化使用。"
> ——匿名

工程学是一个解决问题的专业。工程师就是要应用科学,做出有用的东西。当然,其他科学家们也在做有用的事情;区别主要在于工程学的焦点主要放在科学的应用上。

工程师在解决问题时,要设计、创造、测试、研究和构建切实可行的解决方案,这个过程可能会用到任何一个科学领域的知识。通常,当我们想到工程师时,我们想到的是建房造桥以解决基础设施问题的人。然而,基本上任何工作领域都会有工程师,例如分子研究、计算机程序、飞机、轿车、电路板、环境工程等。由于工程学的范围很广,大学生通常必须选择专注于工程学的某一个分支。

下面对工程师们的工作进行了分类:

- 航空航天工程师设计和研发飞行工具——飞机、导弹、航天器和卫星及其各种子系统。
- 生物工程师设计、合成和分析生物系统和分子。
- 生物医学工程师为医疗卫生事业设计和研发生物医学设备、流程和治疗分子。生物医学工程师通常具备多种领域的知识,如生物、电子或机械工程。
- 化学工程师为化学品的生产、配置和使用设计方案。这些产品见于药品、食品和其他的消费品之中。这些工程师们还要确保制造过程是可持续的,而且产生的副产品是可处理的。
- 土木工程师设计并维护公共工程——道路、桥梁、水利和能源系统,还有公共设施,比如港口、铁路和机场。
- 计算机和软件工程师设计和执行计算机输入系统、计算机功能结构、软件和算法、通信网络和人机界面系统。这个领域将电子工程和计算机科学结合了起来。
- 电气工程师应用电学与电磁学原理研发电力和电子系统,数字计算机,发电与配电系统,电信系统,控制系统,射频信号的产生、传播和接收系统,信号处理,仪器和微电子学。
- 环境工程师维护和改善环境质量,优化利用自然资源。他们设计环境和工业系统与构成,充当制订政策和法律诉讼中的技术顾问,制订资源管理计划和提供系统的技术评估服务。
- 工业工程师设计和分析物流、资源和制造系统。

- 材料科学家和工程师们设计消费和工业产品的新材料，如电脑芯片、飞机外壳和高尔夫球杆。他们使用的是一些金属、陶瓷、塑料和复合材料。设计这些材料的目的是满足某些机械、电力和化学要求。
- 机械工程师设计产品和机器，研究制造方法，设计包括发动机、内燃机、冰箱、发电厂、风力涡轮机等在内的能量利用系统。
- 核工程师研究和发明利用亚原子粒裂变与聚变产生核能量的方法。这些应用包括开发核反应堆和医疗器械。
- 海事和海洋工程师设计和发展船舶和所有包括从水下设备、石油平台到海港设施的产品。
- 石油和矿产工程师开创从地表底下的沉淀物中提取石油和天然气以及发现、提取、研制地壳中的矿物的新方法。

作为一名工程学专业的学生，你要学习的材料完全依据你的专业。例如，核工程师要学习许多关于量子物理的课程，而其他类型的工程师，如生物医学工程师，也许会认为此课程对他们各自的领域作用有限。然而，所有的工程专业的学生都要参加对于工程实践而言不可或缺的基础课程。数学和物理方面的训练对工程学来说非常重要，因此，你可以学习微积分、线性代数和微分方程，以及机械学和电磁学方面的物理入门课程。你很可能要修一门系统工程方面的课程，可以学会如何建造工业模型和应用数学模型。大多数学生也需要学习一些计算机科学课程，因为精通编程对于任何工程专业的人来说都很重要。最后，许多工程学专业的学生还会参加工程设计课程，接受制造产品的培训，例如，制造滤水器或者人工心瓣。如果利用科学创新事物正好能吸引你，那么工程学可能就是你的领域。

一些学校，特别是小的文理学院是不开设工程学专业的，注意到这点很重要。其中有些学校会允许学生申请在其他开设工程学专业的大学完成他们最后一年的教育，这样，他们就可以修读工程专业。

职业前景

大多数工程学专业毕业生的工作机会存在于大型机构，如化学生产商、汽车制造公司和技术公司。你的职责是帮助研发新机器和新材料、设计系统和测试装置——简而言之，成为产品生产团队的一员，无论这个产品是什么。你要努力制造新东西，并解决没人研究过的问题。

如果你想在毕业后立马就找到一份工作，那么仔细选择你的大学课程至关重要。你可以和已参加工作的工程师们聊聊，保证你选择了正确的课程，为今后的理想工作做好准备。选择具体的工程学分支的专门课程会让你更容易获得该分支领域的工作机会，可以让你节省参加工作培训的时间。一位来自达特茅斯的石油工程师兼创业者斯蒂文说："在工程学领域，你必须围绕你的职业去设计自己的专业，而不是相信所要求的课程会有你想进入这个领域所需的一切。"

一些工程师可能会决定继续攻读硕士或博士学位。硕士学位会让你更加具备任职资格，尤其当你觉得本科培训还不足够胜任工作时。如果你想成为教授级的高级工程师，博士学位则是必需的。在工作领域，拥有博士学位的工程师很可能从事研究和开发工作，知道如何鉴别重要的和有挑战性的问题，能够聚拢资源去解决问题。

认识到某些工程职位受到地理方面的限制很重要。比如，从事制造业的工程师很可能要在以制造业为主的地区找工作（比如密歇根州、印第安纳州或俄亥俄州）。石油工程师更可能在生产石油的地方工作，如阿拉斯加州或德克萨斯州。如果你的梦想是生活在纽约，那么选择石油工程专业就会成为问题。

工程学除了提供更多的传统职业道路之外，还提供了很多的创业机会。因为这个领域关注研发新技术，所以拥有不同层次经验的工程师通常会选择营销自己的作品。一些人也许会选择白天工作，业余时间则发展自己的副项目。那些拥有创业激情的工程师应该思考工程的商业性，即如何将他们的产品投放到市场，并保护他们的知识资本。

考虑到工程学专业关注解决问题的特点，工程学专业的学生拥有的职业前景绝不会局限在工程行业里。事实上，工程学或许是适应力最强的STEM专业之一。诸如金融业、咨询行业、法律行业和政府部门总是青睐拥有工程学背景的人才。迈克尔·布隆伯格、赫伯特·胡佛、吉米·卡特都曾获得工程学学位，他们都是各自行业的杰出代表。事实上，世界500强公司的首席执行官当中有20%的人拥有工程学学位。

来自本专业学生的专业建议

工程学实际上能给予你的就是，提供一个解决任何问题的基础。因此，不管工程学是否是你直接涉足的领域，你都会拥有相应的工具帮助你学习所需要学习的知识，并运用这一知识去解决你所面临的任何问题。你也可以知道什么事是不可行的。你能越早认识到这点，你就能越早略过它，去着手做一些更有用的事。

马修（杜克大学）

工程学最让我激动的就是解决问题。这是一个确定问题、制定设计说明、制造原型、进行测试的过程，然后循环重复这一过程。这就是一个循环。从本质上说，工程学能有力解决细节问题并能生成最终产品，无论是产品、服务还是系统。

朱莉·安（达特茅斯学院）

生物医学工程专业的学生面对的最大困难就是该领域的多样化和项目的非结构性；一些人完全将关注点放在该领域的电力和机械方面以及应用上，而另一些人专注于生物组织工程或者聚焦于医学院预科。如果你知道你想学的是生物医学系统或生物医学科学的某些方面（如机械、化学、生物），我推荐你选择这些专业作为重点，然后再选修生物医学应用领域的课程。但是，你想要拓展本科学习的广度而非深度（博而不精）的话，这是适合你的专业。

胡安（迈阿密大学，富布赖学者、戈德华特学者）

数学概况

> 纯粹数学,就其本质来说,是逻辑思想的诗篇。
> ——阿尔伯特·爱因斯坦

数学不仅仅是一门科学,它更是抽象思考和逻辑思考的方式。它关乎严谨;关乎你怎样理解你所知之事;关乎你判定不同思想和观点如何相互关联的能力。它是我们所知道的描述这个自然世界最有力的语言,也是最抽象的。同时,它也是其他科学赖以建立的基础。

数学有两大分支:纯数学和应用数学。纯数学就是研究数学本身,尤其是证明新的原理(真命题),而应用数学就是将数学应用到真实世界的问题上面。两者都包括新想法与推测的创新,以及对复杂问题的解答。通常区分这两门分支学科的关键是问题解决背后的动机,而不是它们实际运用的方法。虽然如此,看起来最为抽象和不切实际的纯数学会有意想不到的实际应用,例如,帮助科学家们学习如何制造更好的计算机,或者全面理解原子的活动方式。另一方面,应用数学使用数学技术去模拟自然和人类世界,解决从会计学到动物学的问题。统计学和精算/金融数学是应用数学的分支。有些大学只设置数学专业,而有的则设置不同的数学分支专业。

许多数学专业的课程要求很灵活,但是大部分的数学专业都会要求完成微积分、微分方程、线性代数(如矩阵)和抽象代数等课程。还有更多的课程对于这些课程的选择主要依你的个人兴趣而异。应用数学专业的学生可以学习诸如计算机科学、工程学、物理、化学、生物和流行病学等各种不同领域的课程来完成他们的专业课要求。统计学描述数据以及从中得出可能的结论，这个数学专业需要另外学习统计、概率和数据分析的课程。精算/金融数学专业的学生也需要学习经济和金融方面的特殊课程，以培养对金融风险和价值的理解。

假如两列车以50千米/小时的速度向对方驶去，并且 $a:b=c:d$，那么莎莉还有多长时间？你高中阶段所学的数学课程或许就是这样，但是大学数学与高中数学完全不一样。大学数学更多的是关于新结构的学习和证明——通过数学的方式弄清楚某事是正确的——以及如何用数学制作并解决真实世界的模型（有时需要计算机算法的帮助）。这往往需要创造力和耐心，但是，和任何事一样，随着时间的流逝，你会做得越来越好。一个问题的解决可以为你铺就通往另一个问题的解决之道，你或许都未曾想到两者是相关的。90%的时间里你会受阻，但是当你解决问题时，你真的会非常激动。最为重要的一点是你要有毅力，如此，当你解决了许多问题之后，会形成数学的直觉，并学会欣赏数学的美与力量。请尽可能实现总体目标和思考问题解决背后的意义。如果遇到困难，你一定要与同学讨论，并寻求助教和教授的帮助；每个人（包括教授）都认为数学难，但学好它绝对是值得的。

数学领域的研究与其他STEM领域有所不同。研究项目通常会涉及以下几个方面，如确定可以指导你的教授或者研究生、独自研究项目、定期与导师见面讨论项目进度。其他的科学领域可能需要大实验室和许多昂贵的设备，并投入人力进行实验，而数学研究则更多的是概念层面上的。对于学习纯数学的学生来说，数学研究比其他的领域要求更高，因为除非你有很多经验，否则你难以有所贡献（比如说，仅仅帮老师清洗数百支测试管不能让你变得有用）。学习的曲线很陡峭，你需要学习很多的高级课程才可以到达可以开始回答一个研究问题的阶段。在应用数学领域，为研究准备的培训较少。即使你只有不多的课程经验，你也可以找到很多实际的项目，用到你的数学分析或建模的能力，这样你就有机会找到你可以做出贡献的研究项目。

美国国家科学基金会（NSF）和其他组织会在全国范围内为本科生提供数学研究经验(Research Experience for Undergraduates，REUs)项目。REUs项目每到夏季聚集一批本科学生和教授，让大家在论坛上讨论共同感兴趣的议题。如果你感兴趣的话，一定要咨询高年级学生过去的研究体验，以及他们参加过的REUs项目。

职业前景

许多不同领域的雇主们意识到数学教给学生很强的解决问题的能力，因而他们特别青睐有数学背景的本科毕业生。许多数学专业的学生说，他们习得的技能可以直接应用于之后在其他科学领域、技术公司、金融行业等的工作。尤其是，制作理解真实世界现象的数学模型的能力非常有用。其他专业的学生表示，虽然他们并不是每日都能用到在大学课堂上学到的数学知识，但这仍帮助他们进行系统思考，使他们受益。数学专业的学生应该在毕业之前考虑获取的一个专项技能就是基本的计算机编程知识。了解一些编程知识会让你拥有更多的工作机会，还会帮助你将已经学到的数学知识应用于现实世界或研究。

数学专业的学生在毕业后的计划一般是从事教学、金融、咨询、精算工作，或在政府机关（例如人口普查）、数学研究院或其他学科的研究院、技术公司、从事其他相关工作。像许多应用数学专业的学生通常做的那样，如果你有兴趣去数学研究院，或是去其他专业的研究院（如生物、计算机科学、经济学），你要知道你所完成的专业要求的课程还不足以让你加入你心仪的项目，你要确定哪些必修课程的学习可以实现你在大学毕业之后的计划。

想要在高中、初中、小学从事数学教学的应考虑参加为大学毕业生提供的多年级教育项目，如"美国数学"项目和"为美国而教"项目，或者准备获取相应的证书以在公立学校教学。有关教师工作的话题，我们会在第七章进行讨论。

随着"大数据"的崛起，对统计知识的需求比以往更多，"数据分析"的工作也越来越多（如脸书的数据挖掘职位）。有一类特殊的统计学家，就是精算师，他们帮助公司计算和管理风险（通常是高薪聘用）。如果有兴趣成为一名精算师，那就必须通过一系列严苛的数学和金融测试才能具备资格。感兴趣的学生会确保他们所修的课程可以让他们为这些考试做好准备，而且即使还处于本科生阶段，也要着手做好参加这些考试的准备。

总之，拥有了数学专业的教育，你可以从事任何你想从事的职业。数学适用于一切。

来自本专业学生的专业建议

数学往往是一个需要你独自努力的学科，需要你花费很多时间去思考它。数学的一个重要部分就是写证明，这与学生们在高中阶段所熟悉的通常大不相同。要适应大学阶段的数学会非常困难，因为你通常找不到一个求证的"标准"方式。要思考问题，遵循逻辑，不要害怕寻求帮助。每个人都会不时地感到数学很难。

卡莉（普林斯顿大学）

不要让习题集分散你的主要目标：大致了解你所学习的数学是如何运转的，而不仅仅去解决一些专门的问题。学习数学就像建城堡：你必须拥有所有的想法，然后以你所能理解的方式将它们组合在一起。

尼拉伊（哥伦比亚大学，戈德华特学者）

最优秀的学生会遵循"大图景"的轨迹，并利用好解决问题的技能。当你问他们一个求证证明的是什么，他们不会仅仅向你展示每一步骤，而是会做出总结。要首先学习数学各个方面的知识，然后再决定选择其中的一个专门领域。应用数学专业的学生会学一些纯数学的知识，而纯数学专业的学生也会学一些应用数学的知识。

乔舒亚（麻省理工学院）

神经科学概述

假如我们认为人的大脑很简单，我们能够轻易理解它，那么我们就会因想得太简单，而根本不可能真正地理解人的大脑。

——爱默生·普

1906年，卡米洛·高尔基和圣地亚哥·拉蒙·卡哈尔因他们的发现为现代神经科学做出贡献共同获得了诺贝尔生理学或医学奖。在过去的一个世纪里，神经科学已快速演变为一门高度跨学科的领域，涉及神经物理学、心理学和高科技影像设备领域。大部分学生在进入大学之前，几乎对神经科学一无所知。因此，我们满怀激动之情在这儿介绍一下它。

神经科学致力于解释大脑（由名为神经元的细胞构成）如何工作，我们怎么思考以及神经病如何显示出来。因为年年都有大发现，科技也变得更加复杂，假如你选择学习这一领域的话，很可能会学到许多最前沿的知识。

神经科学是一个较新的领域，该领域还与生物学和心理学有很多重合，所以并不是所有的高校都设置神经科学专业。如果你的学校碰巧没有设置这个专业，而你很想选择这个专业领域，你可以考虑试试看能否设计你自己的专业，正如前面的章节内容所述。

学生们通常以神经系统入门课程开始此专业的学习，而入门课程包括学习、记忆、睡眠、认知和行为神经科学。一些学校也会要求本专业的学生参加心理学或计算机科学的入门课程。熟悉计算机科学会让你拥有模拟神经元和神经网络的编码和分析的基本技能。

神经科学专业的学生通常可以自由选择自己最感兴趣的课程，这点与其他专业的学生有所不同，后者被要求参加一定顺序的专业课程。每位神经科学专业的学生都会参加"细胞和分子神经学""系统神经学""认知神经学"这三大类课程，但选择哪些你喜欢的特定课程，则由你自己决定。你将学习的这3门广泛的学科领域如下所示：

- 细胞和分子神经学：研究神经元的结构和作用。这个领域的课程为学生介绍动作电位、神经传导物质、受体、囊泡到神经元轴突的运输等。其本质是神经层面上的细胞生物学和生物化学。
- 系统神经学：研究神经元如何形成大脑，以及多大的神经元组才能实现诸如语言、运动和感知的功能。
- 认知神经学：研究意识和其他类似于记忆的心理机能，以及我们的神经系统如何处理更高水平的机能。认知神经学融合了心理学和生物学，它利用诸如静态的功能磁共振成像（fMRI）这样的复杂技术，这种技术可以监控脑内活动。

神经科学专业设置的课程类型很多，一般会提供的课程有社会心理学、认知神经科学、商业心理学、外来感官系统、学习与记忆的神经生物学、健康心理学、人脑的映射原理与功能磁共振成像、神经经济学、认知神经科学、细胞和分子神经学、意识、注意力、系统神经学、神经解剖学、发展心理学、行为神经学、变态心理学、睡眠和睡眠障碍、计算神经科学。

这个领域，尤其是系统神经学，需要你记忆的东西很多。神经科学专业的学生可能要面对的最大的挑战就是每门课程的信息量都很大。不说别的，光是处理这些信息就是对你的学习技巧和勤奋的一种考验。如果你能够系统地处理这些问题，并于一开始就找到了切实可行的方法，那么，你的神经科学专业的学习会很顺利。

职业前景

根据美国神经科学学会透露，神经科学专业的学生最普遍的选择是学术研究、学术管理、医药研究、参与政府支持的科学项目、科技写作、教育的职业道路。神经科学是一个极其活跃的研究领域，还有许多还未解决的问题。想要加入这一高水平研究的学生可能要计划去神经科学的研究院深造（见第七章关于去研究院的部分）。

如果你对神经系统的心理和生理疾病感兴趣，你可以考虑从事医疗卫生行业，有很多涉及此类疾病的治疗和病人评估的工作。如果你在大学毕业后去医学院深造，你可能会成为一名神经学专家、神经外科医生或者精神病医生，治疗诸如癫痫、脑肿瘤、注意缺陷障碍症和抑郁的疾病（见第七章有关医学和医疗卫生职业部分）。另外，你可以去研究院深造继而成为心理学家或神经心理学家，专门治疗精神健康障碍。

来自本专业学生的专业建议

不要在考试前死记硬背。许多科学课程，包括神经科学的课程，要求你详细地理解分子信号、酶途径和生理过程，你需要为此花时间记忆和练习。同时，要跟上上课进度。我喜欢阅读课本以补充教学幻灯片上的内容和我不太懂的知识点。

司德妮（密歇根大学）

我原本计划研读生物专业，但自从我上了第一次神经科学的课程之后，我就对大脑的各部分如何影响我们生活中的行为很感兴趣。于是我选择了神经科学专业，因为它更适用于我们的日常生活，我认为很好。在我上完第一堂（神经科学）课程之后，我就认识到我必须学习更多的知识，还有这个专业正适合我。我们的神经科学项目与心理学高度交叉,因而我要参加很多其他的课程,假如我继续学生物学专业的话,我就不会有这样的机会。

安吉拉(达特茅斯学院)

许多课程,尤其是神经科学课程,注重细节也非常注重整体。我选择学习神经科学,是因为我喜欢神经生物学的精度以及心理学的社会科学视角。我喜欢理解人们的思考和行为方式以及成因。在学习的时候,了解你正在学习的专业的范围并以此为目标会让你学得更好。通常,生物课程要求的时间更长,所以你必须提前制订相应的计划。

艾米恩(阿拉巴马大学,戈德华特学者、罗兹学者)

物理学概况

> 宇宙不仅比我们想象的奇怪,它甚至比我们能够想象的更奇怪。
>
> ——霍尔丹

物理学研究物质、能量、自然力量,以及它们是如何共同作用以组成这个宇宙的。很自然地,我们对物理的理解几乎影响着从有机化学到细胞生物学等科学知识的每一方面。而且,物理知识渗透到我们日常生活的方方面面。你的电脑?如果没有电磁学的知识,它就不可能存在。你的汽车?如果人们没有对摩擦力和力学的深刻理解,它也不可能存在。当然,其他科学也促成了这些成就——我们要感谢工程师而非物理学家创造出了汽车和电脑。

物理学的核心课程可分为以下3个：

- **经典力学**：研究在正常和极端条件（如光速条件）下物体运动的定律。
- **电磁学**：研究遍及宇宙的各种类型的电磁辐射。
- **量子力学**：研究微观粒子的运动规律的物理学分支学科。

作为一名物理专业的学生，你将会继续接触更深入和严谨的细节，反复地研究这些主题。在学习的高级阶段，横亘在物理学各分支之间的障碍会逐渐变弱，因为你对宇宙物理基本法则的理解会更加全面。随着你继续学习更加高级的课程，物理课也会开始注入更具活力的数学知识，包括多元微积分和微分方程等课程。这些高级课程会让你更加靠近目前困扰着全世界物理学家的重要问题。

假如你面临专业"关注点"的选择，你可能会选择特定物理学分支领域里更高级的课程（甚至可能是研究生水平的），或者尝试选修课，涉及的范围会是从等离子物理和量子计算到地球早期物理学和生物物理学。

正如你所能想象到的，不管从概念还是数学层面上来说，物理学专业涉及的主题都非常复杂。课后有大量的作业，很可能包括完成问题集，需要你真正思考在课堂上学习的每个概念。物理专业的学生们更像一个紧密配合的群体，他们会合作完成问题集。小组合作也可以让学生们为物理学科的协作做好准备。

就像任何其他的STEM领域，在物理系也有为物理专业的学生准备的研究机会。校外也同样有许多特别的物理研究的机会。

例如，可供你选择的机会有德国马普研究所的本科暑期项目和美国国家航空和航天局的学生研究者项目。你还可以在美国物理学会的网站上找到其他机会，该网站上罗列了很多本科项目。在第五章，你可以了解更多此类机会，以及如何寻求研究基金。

与其他的STEM领域（如生物学）不同，物理学的理论与试验区分得很鲜明。比如，在生物学中，实验室的实验可能会形成一个假说，假说可以用实验来检测，实验结果可以被解释。但是，在物理学中，这个进程是被划分开的。理论家研究理论，而实验者检验理论。这样做的理由是有争议的。一方认为，物理学的理论研究很复杂，要求研究者专注于理论研究，而对于实验者来说也是如此。另一方认为，理论和实验不管缺少哪一半，都会变得毫无意义。没有证据的理论没有意义，没有分析的实验结果也是空洞的。基于理论和实验的这种划分，物理学专业的学生在大学阶段就开始分为理论派和实验派了。例如，对实验感兴趣的学生们有可能参加有更多复杂实验的课程，而对理论感兴趣的学生们则会参加有更多练习题要做的课程。此外，如果学生们想要从事研究工作，他们要么和一位理论物理家一起工作，要么和一位实验物理学家一起工作。

职业前景

雇主很认可物理学专业的严谨性。与其他以量化为驱动的STEM专业（如工程学和化学）相似，物理学专业的学生在许多领域都受到青睐，特别是那些要求拥有对复杂概念和数学问题具有分析能力的领域。因此，对于优秀的物理学专业学生来说，金融和咨询是常见的非STEM专业的职业道路。其他广受欢迎的领域还包括商业、教学、科学新闻、法律和医学。

若要选择学术生涯或者参与政府资助的研究项目，拥有博士学位或硕士学位则是必要要求。拥有了研究生学历，你或许可以参与工程公司的物理学相关项目的研发工作。这些项目可能涉及从NASA的军事防御工程到开发医疗器械的范围等。此外，医学成像和放射治疗的实现需要医疗物理学和放射剂量测试方面的专家，两者都设有独特的研究生培训项目并授予DMP和CMD学位；物理学博士在这一领域也有重要的作用。

来自本专业学生的专业建议

练习、练习、再练习。除了学习课程例子之外，物理学专业的学生还要去解决其他问题，否则很难学好物理。努力养成课前阅读课本的习惯，这样你就可以最大限度地与你的教授或讲师互动。参加师生互动时间是检测你是否准备好的一个很好的方式；假如你准备好了，往往对物理问题和概念具有更深刻的理解。

乔治（普林斯顿大学）

学习好物理课程的常见方式就是经常做练习题。这意味着你不得不经常阅读，跟上学习进度。攻读物理学的人都有很强的自我驱动力。他们这种人心里总是想着："我得学习这个概念，让我一遍又一遍地复习，直到掌握为止。"与其他专业的学生一样，非常优秀的物理学专业的学生都拥有坚定的决心，愿意努力尝试和学习。

凯尔文（罗格斯大学，戈德华特学者、马歇尔学者）

结 束 语

我们希望在你初探STEM专业课程时,这些对不同学科领域的描述会对你有所帮助,给你一点启发,但是没有哪个单独的章节可以很好地说明每个科学分支的复杂性。当你对自己的喜恶有了更多的了解之后,再重新看看这些专业概述,它可以引导你做出最后的选择。

第五章 开展科学研究

> 科学进程很刺激。
> ——《卡尔文与霍布斯》

打开你的高中物理课本，里面一定有一些章节是关于阿尔伯特·爱因斯坦和他的相对论的。相对论很惊天动地，完全改变了人类理解物理世界的方式。考虑到人们一直在思考世界如何运转这一问题由来已久，这一理论也相当新颖。就在一个世纪以前，即使是受过最高教育程度的人也对今天普通科学入门课上的知识知之甚少。

大学生活只有4年，因此从学生的角度出发，科学似乎是静止的。课本第4版讲解的一般概念也许和第3版、第2版、第1版是一样的。但是对研究者而言，科学一直在变化，没有任何的课本可言。对他们来说，科学就是一系列的公开信，科学家们互相写信，告知对方他们学到的或者发现的东西。

我们的现实世界由物理规律支配，科学研究试图理解所有的过程——刺激它、观察它、提取它、把它打包形成新的形式的知识。当研究者试图理解无人知晓的事物时，他们发现自己是在荒凉的未知领地，没有地图会告诉他们现在的位置或者能期待什么（这个实验可行吗？我用了恰当的条件吗？这个证明正确吗？甚至是我问了合适的问题吗？）。为了理解他们周围的情况，科学家们必须不断地就各自的发现进行交流。为了交流，他们在学术刊物上发表他们的研究——与所有人分享他们的研究，以便其他研究者可以加以利用。

科学家发表他们的研究成果是为了分享自己的发现，同时也是证明他们在这个领域所贡献的新价值。每次发表的研究成果是研究人员在创造新知识中取得成功的证据。研究人员可以利用他们的研究成果来申请资助，从而获得更好的工作，然后投资更大的实验室，所有这些又能产生更多研究成果——周而复始，这就是研究的循环。

在这一章中，你将了解科学研究，学习如何找到研究机会以及如何在本科阶段成功地进行研究。

为什么做研究？

做研究让你有机会加入一个学者团体，他们推动了人类知识的已知边界。如果对科学本身的热爱不足以说服你投身研究，以下是你应该考虑的四个实际的理由。

对你所学的领域有更深的理解

通过研究，你将能够运用课堂上的知识来解决真正的科学问题，从而强化你在课堂上学到的知识。当你用这些课堂知识解决需要回答的实际问题时，你对所学学科的理解将推至新的水平。

证明自己的技能和毅力

一次卓有成效的研究经历可以向潜在雇主和专业院校（例如医学院、商学院）展示你的求知欲、能够完成长期项目的能力，以及与他人合作的经验。此外，如果你有兴趣继续攻读研究生博士学位或研究型硕士学位，研究经验是"必须有"，而不仅仅是"有也不错"，因为这是你在申请中最重要的事情，能证明你完成研究生论文项目的能力（有关研究生课程的详细信息，请参阅第七章）。

对产出新知识有所帮助

无论你是在为一个知名度高的临床试验做点贡献，还是参与撰写一个鲜有人知的关于分子途径的小报告,研究都会为你提供机会,让你把新的知识带到这个世界。这反过来会帮助你领会已经发现的东西。我们采访过的一位普林斯顿大学物理专业的学生乔治,用他的话说,从事研究的经验"使一个人不仅仅是知识的接受者"。

你可能会喜欢上它

许多人发现,做研究、学习实验室/计算机技术并成为很多人不知道的事物方面的专家,这些过程充满乐趣。通过与科学家和研究生一起工作,你也会了解你研究领域的职业是什么样子的,以及是否适合你。

> **学生经验之谈**
>
> 为什么学生应该做研究?
>
> 首先,研究让学生巩固了在课堂上所学的知识并教他们如何应用这些知识。它还提供了一个难得的机会,学生可以结合多个兴趣点,从生物医学科学、数学和工程学到社会科学,最终形成一个独特的跨学科的项目。此外,对于不确定想做什么的那些学生,做研究会帮助他们进行职业抉择,与其他的学生、博士后和教授一起建立专业的人际关系网。
>
> 迪伊(加利福尼亚大学戴维斯分校)
>
> 做研究是我从本科起就非常喜欢的事。在实验室工作,当你能精确地预测反应结果时,你会感到自己为了理解这些理

论体系而投入的精力确实得到了回报。在每个转折点都有所发现的感觉很有乐趣。

丹（达特茅斯学院）

　　指导的机会、批判性思维和自我探索有可能是我从研究中获得的最大的益处。有了正确的实验和指导，即使是在一个暑期研究项目中，一个人也能获得全新的世界观。我大一暑期的研究经历就很有价值，不是因为在简历里面能增加几条信息，而是因为我与导师建立起的密切关系，使我对如何进行研究工作产生更好的理解，以及对更多研究的渴望。

鸿宇（达特茅斯学院，戈德华特学者）

在研究中你应该期待得到什么？

　　为了展开研究，你需要跟随一个有现成研究团队的科学家或教授接受训练。在团队中，你会了解自己所学习学科特有的理论、范式和技术。你在STEM专业课上可能已经学习过一些基本的科学实验，然而原创性的研究会有真正的发现，这也往往需要更高级的技能。在研究团队里你会学习如何在没有课程或者课本可以参考时自学，学习如何设计和进行实验，学习如何用数据支持假设。

　　即使学生能寻求到最好的指导，科学研究也还是有挑战性的。专业研究人员在自己的专业领域投入多年的精力，别让这点吓倒你。每个研究人员，即使是荣誉满满的资深教授也必须得从某个地方开始。

无论你决定从事何种研究——研究有很多不同类型——要记住挫折是科学进程中很自然的一部分。在很多情况下，你的研究都会导致挫败——机器会发生故障，数据很难解释，代码无法编译，培养皿的细胞灭绝了，等等。不要因为这些"路障"而心神不安。如果一切都按原计划进行那才叫人更惊讶。课本中的一句话也许是从一辈子的研究中提炼出来的。如果你能查找到自己所做事情的答案，那就不叫研究了。放轻松，抬起头，不管你能不能得到结果，试着去学习一些东西。做研究本身就是在传授技能，训练你成为一个更好的科学家。

> **学生经验之谈**
> ### 你的研究经历如何？
>
> 我在分子生物实验室工作，是通过负责综合科学计划的同学找到这份工作的，他们推荐了这位研究导师。我在那里大约工作了两年半，包括两个完整的暑期，在那里我获得了研究资助。我在实验室里非常投入，每周要花上20到30小时。我当然很喜欢这个机会，因为我能跟许多研究生、博士后和教授接触，提高能力，像科学家一样思考。我在几个会议上展示了我的研究，写了一篇论文。
>
> 罗伯特（西北大学）
>
> 我在大三和大四的时候在实验室做过兼职工作，在大三和大四中间的那个暑假做过全职工作。我在前一年的课上和一位教授有过接触，我就是这样与她取得了联系。我的研究得到了学分，并在夏天得到了报酬。我的作品没有发表，但是我有自己的项目，并与一位博士后一起工作，他帮助了我（实验室里

人很多，所以教授没有很多时间来带她的本科生）。我在年度报告和每周的实验室会议上正式地展示了我的成果——当然会有些紧张，但是这是一个很棒的学习经历，促使我真正地理解了这些材料。

萨拉（耶鲁大学）

从大一到大四，我确实在食品安全和生物恐怖主义的生物传感器方面做了一些工作。我从国土安全部和学校那里得到了一些研究资助。我在国家食品安全与保护中心展示了成果，很幸运地发表了一些东西。

迈克尔（密歇根州立大学）

我在大一的时候就迫不及待地想要开始研究。我进入一个我认为很有吸引力的项目中去，却没有多想要和什么样的导师一起工作。我很兴奋能有自己的项目，也很有责任感。然而，实验室的负责人非常有名，他根本没有机会和我交谈，我也没有一个明确的导师。在有一些非常优秀的研究生和一位资深科学家的帮助下，我才能勉强坚持下去。我在一个项目上花了两年的时间，最终却失败了。如果能有更好的导师和指导，我可能会在一年甚至更短的时间内完成这个项目，即便失败，之后还可再将自己所学应用到实验室里别的项目上。但是，我意识到我的学习速度太慢了，于是我换到了另一个实验室。幸运的是，我之后拥有了一个很棒的导师。回过头来看，只考虑项目本身就投入到一个项目中去，没有过多考虑导师的参与，浪费了我两年宝贵的研究时间。

米卡（赖斯大学）

发表成果：如何共享科学知识

发表成果

如果没有离开办公桌或者实验室，新发现将毫无价值。为了科学进步，研究人员需要将他们的研究结果公布于众。比如，许多天文学、计算机科学、数学、物理、定量生物学和定量金融学的研究人员将他们还未印刷的手稿贴到arXiv上。arXiv是一个学术著作在线存储处，允许其他科学家进入并建立自己的工作进程。

然而，最常见的是，科学家将自己的研究成果发表在同行评审期刊上。同行评审期刊对研究人员的文稿进行全面的审查，并由领域内的专家进行质量控制之后，再予以发表。同行评审的目的不是为了确保研究论文百分百正确，而是确保论文提供了足够的证据来支撑自己的论点。

专业人员的工作有赖于了解最新的科学知识，比如研究人员、数学家、医生以及其他科学家，他们经常花大量的空闲时间阅读这些期刊。任何领域里最新最前沿的研究发现几乎从未在课本中刊出过，因为课本倾向于刊登那些科学界接受度很高的理论、观点和实验。虽然同行评审期刊花了大量精力确保发表作品的质量，他们仍然为一些更富猜测性和冒险的思维类型留有一席之地，而这并非课本中所常见的。任何特定版本的期刊上的实验和想法将被未来的科学家们所抛弃或接受，取决于它们如何适应未来实验的结果。

在同行评审期刊上发表文章不是分享新的研究成果的唯一方法。科学家也会通过参加学术会议、口头报告、海报展（类似专业人员的科学会展）来分享科研成果。我们会在本章节后面详细讨论学术会议和海报展。

同 行 评 审

当一个科学家收集了足够的数据来证明新的科学命题时，她可以写一篇文稿来阐明自己的发现，并将它提交给本领域的一个学术期刊，希望期刊的编辑和审稿人能出版它。这个作品可能是对实验过程和实验结果的描述，一种数学证明，一个新工具（实验方案）的解释，对先前发表的特定主题的要点总结（文献综述），或者是其他各种不同的新颖的主题。通过向学术期刊提交文稿，这位科学家是在让同行对她的研究进行评价，希望他们会发现研究的重要性，值得与科学界其他成员共享。这是同行评审期刊中"同行评审"的部分。为期刊工作的专家会审查作者的分析、所做的实验和改进论文的方法。在极少数情况下，审稿人可能会同意科学家对论文不加改变直接发表。有时候，审稿人会在同意发表之前建议对讨论进行额外的实验或者修改。在其他情况下，审稿人可能会鉴定论文不符合期刊标准不予发表。评审至少需要几个月时间，还可能会遭到拒绝，这就需要耐心等待了。

许多期刊是有选择性的，只会发表他们收到的论文中的一小部分——这些质量都很高且非常重要。通常，一篇论文在任何一个特定的时间只能提交给一份期刊，因此选择一个评价高且被广泛阅读的期刊就很重要了，但是不难想象，文稿很可能会被拒绝。诸如《科学》与《自然》等最优秀的期刊会被许多不同领域的科学家所阅读，这类期刊只录用文章的数量不到所提交的文章数的10%。同样，《数学年鉴》可以说是数学领域内最权威的期刊，2013年收到了915份论文，仅录用了37份——录取率为4%。现在，大多数其他的高水平期刊都很难发表，随着备受推崇的纯网络开放期刊（如公共科学图书馆）的出现，共享科学发现的场所正在增加。

署 名 权

除了少数学科之外，科学研究是一项小组工作。正因为如此，一份已发表的成果可能包含很多人的贡献。为了给每一个作者分配恰当的荣誉，作者的名字通常以其所做出的贡献为序，第一作者通常是最大的贡献者，撰写了大部分的手稿。每个学科对于如何排序稍微有些不同。例如，数学论文通常按照字母顺序对作者排序。不幸的是，对个人贡献价值的争议经常导致合作者之间的冲突。事实上，即使是在美国国立卫生研究院，调查官也经常调解作者身份争议的纠纷。因此，共同作者在项目开始时，就应当清楚他们的名字在终稿上如何排序，避免日后产生不必要的冲突。

作为一名本科生，你很有可能是在一个项目负责人、资深研究员或者研究生的监督下工作，他们在分配职责、审查研究和决定成功项目的署名权上有很大的发言权。此时你在科研训练阶段中没有太多的权力，在项目开始前应与导师商量好这些事情，包括薪水等。

为什么要出版？

为什么人们为论文在同行评审期刊发表的过程而费心？首先，这些期刊被研究人员广泛阅读，是科学界分享信息的主要渠道。其次，成果出版在同行评审期刊上，科学发现可以获得一定的可信度。最后，正如我们前面提到的那样，还有其他现实的原因。出版意味着一项成功的科研经历，正因为如此，它们可以使你的简历看起来不错，帮你申请更好的研究生院或专业学院，在与潜在雇主面谈时增加你的筹码。

对教授和研究生来说，发表文章尤为重要。研究生如果想继续在学术界工作，需要发表论文；医科学生进入竞争性的医学专业培训项目需要发表论文；教授们需要发表文章来发展事业并获得研究资金。

教授们如果经常在广泛认可的期刊上发表研究成果，通常会被自己所在机构授予终身职位。终身职位意味着，机构同意按照合同一直聘用该教授，除非有强大的理由解雇他。换言之，这是一种工作保障，也可以带来其他的经济效益。

教授可以分为三种：终身聘任制之外的职位（讲师、兼职教授、研究教授）、正在试图获得终身职位的人（助理教授）和已经拥有终身职位的人（副教授、教授、讲座教授和退休荣誉教授）。正在试图获得终身职位（即终身制）的学者在一定时期内为一个机构工作，试图尽可能多地发表作品和筹集补助资金，以此获得竞争优势。成功了的人会得到终身聘任，那些没那么幸运的人可能不得不重新找工作了。

高效研究经验的标志

我们一直在喋喋不休地强调发表成果的重要性，但事实是，你的名字能出现在一篇同行评审研究论文上完全是碰运气的事。实际上，在大学期间的研究中，大多数学生的名字都不会出现在论文中。

一篇发表的论文可能对申请研究生院或者专业院校是个不错的补充，但是即使是最挑剔的项目招生委员会也知道你的名字出现在论文上有多难。通常的情况是，项目组想看你是否能够解释自己所做的研究，以此来证明你学到了什么，你对研究的热情是否为真实的。此外，除了发表成果以外，还有别的方式来展示你在实验室的"生产力"，包括海报或者毕业论文，这些本章将随后讨论。

开展研究是一个不可思议的机会，但是研究成果能否出版真的是凭运气。如果你碰巧加入了一个实验室，实验室的项目正好需要完成几个实验，你就能轻松写一篇论文，反之你可能会在另一个项目上耽搁几个月，甚至几年。但是，虽然进展是以运气为基础，但是幸运偏爱有准备的人。

所有这些关于出版的信息更多的是为了让你意识到，你将要参与更大的项目，而不是给你所有需要的工具让你单独做。在你开始独立研究之前，可能需要多年的训练。那么，你如何开始第一次研究经验呢？

第一步是找到一个你感兴趣的研究组。大多数本科生会在一个基于物理实验室的小组工作，但是其他人，尤其是学数学和计算机科学的学生，可能最终会在纸上或者电脑上工作。在你找到一个具体的小组之前，先看看下面的指南，熟悉一下在一个典型的组里面有哪些不同的角色，以及这些角色是如何互相联系的。

在本章的其余部分我们会给你一些建议，你应该期待从研究经历中得到什么，如何发现一项研究项目以及如何充分利用项目。

研究组的组成

项目负责人

项目负责人（PI）是大学、行业或者政府研究机构的研究者中的领导者。项目负责人监督实验室中的研究，给博士后研究人员和研究生提建议，并通过申请国家科学基金会和美国国立卫生研究院等私人和公共资助机构的资助，为项目和人员工资提供资金。项目负责人更详细的职责以及你以后与其的交流，会因研究组的不同而不同，研究组成员可以为一名到几十名学生、研究人员和技术人员不等。一些研究组的项目负责人会直接指导你。其他情况下，项目负责人可能很少出现在办公室。以后你可能会需要项目负责人的推荐信来证明自己的研究质量，所以一定要给其留个好印象。

博士后研究人员

博士后研究人员，也叫博士后，指已经毕业并获得了博士学位，目前正在参与额外的科研训练的人员。过去博士后研究人员并不常见，但如今刚毕业的博士认为如果想在工作市场有竞争力或者在学术界得到教职，有必要多进行一两项研究。项目负责人通常会给博士后发放薪水，对他的项目提供意见和指导。完成了博士后项目之后,博士后就会进入学术界并自己组建研究小组,或者在另外一个实验室找个职位,来获得额外的训练,取得并发表更多的研究成果。

研 究 生

如果你的研究小组隶属于能授予高等学位的机构(比如硕士或博士学位),你就能遇到研究生。获得高等学位的要求包括研究交流、完成必修和选修课,通过资格考试,教授本科生以及获取原创研究。研究生训练通常都安排得很紧张,这些学生经常日夜都在实验室工作(关于申请研究生的更多信息,请阅读第七章)。

实验室助理/实验室技术人员

以实验为基础的实验室会聘请实验室技术人员或者助理来帮助准备程序、负责维持实验室资金运转,这种做法很常见。技术人员通常会拥有专门领域的学士或硕士学位。

你——本科生

你在研究小组最初的工作取决于小组需要以及你以往的研究经历。在你的第一次研究经历中,你可能需要做一些比较直接且乏味的任务来证明自己在实验室的价值。很有可能你会直接跟研究生或者博士后工作,协助他们进行研究。当你开始工作时,睁大眼睛,竖起耳朵——注意重要项目步骤,熟悉实验中最常用的技术和思路,另外一定要问问题。要感谢研究生和博士后在繁忙的工作日程中抽出时间给你讲这些窍门，所以密切注意他们教了你什么。你越能向周围人展示你的能力，你就有越多的自主权。

找到研究机会

寻找研究小组时，迈出第一步很困难，尤其是如果你所在的机构仅为本科生提供有限的研究机会。然而，这并不是说只要他们愿意要你，你就应该同意在任何实验室工作。下面，我们就来解释如何发现研究机会以及你在研究组中应该期待什么。

学年中的研究机会

许多大学都提供项目，在学年中通过正式的申请程序，将学生与空闲的研究职位进行匹配。这些项目可能通过给予小额补贴来补偿学生花在研究上的时间，同时也提供给学生向他人展示分享自己工作的机会。与学校的本科研究办公室或你所在的学术部门联系，看看是否有这样的项目。

如果你自己正在寻找研究职位，那就开始与同专业高年级的学生交谈，应届毕业生可能会知道最新的职位空缺。同时，与你的教授接触。即使他们自己不能帮到你，但也许可以向你推荐一些正在找研究助理的同事。

最后，通过你所在大学的部门网站，看看学校发布的有关研究组的信息。这些网页通常包括研究组成员介绍、当前研究项目简介以及最近出版作品的描述。如果这是你的第一项研究经历，那么更重要的是获得一些初期经验，而非找到你想要长期工作的项目。事实上，可以考虑在一个与你的专业不同的领域做项目——主修一个专业并不意味着你只能在这个领域做研究。

暑期研究机会

对那些对研究感兴趣的学生来说，暑期可能是一年中最有效率的时候了。暑期你可以选择做研究而不需要参加学术课程和其他课外活动。如果你所在的大学没有你想要从事的研究，你可以利用这段时间去其他大学、政府机构和工业领域（如生物技术、化工或者能源公司）寻找机会。也许你在学年期间已经有了不错的工作，花点时间在相关实验室进行研究——也许这个实验室经常同你所在的实验室合作——你会接触到新的技术、思路和能带给你更广泛的知识基础的人。

许多机构提供正式的暑期项目，包括本科生研究经历（REUs）和夏季大学生研究奖学金（SURF）。参与者在大学或机构进行八到十周的全职研究，会得到适度的补贴。其中一些项目在最后还会组织会议海报展示环节来展示学生的课题。由于他们有津贴，这些项目很有竞争力。比如，美国国立卫生研究院夏季实习项目每年约有1000个实习生申请，录取率只有15%。成功申请的人一般在科学、技术、工程、数学专业领域（STEM）成绩不错，有令人信服的推荐信，最重要的是还有优秀的研究经历，这一点在学年研究中更为重要。

美国国家科学基金会和美国医学院协会拥有详细的暑期研究项目清单。其他有用的数据库包括罗彻斯特理工学院的合作或实习名单，每年更新一次。此外，从密歇根大学到哈佛大学的许多研究机构都为其他学院和大学的学生提供了参观和做研究的机会。你可能需要进一步"挖掘"他们的网站，找到如何申请这些项目的途径，通常这些项目的最后期限是10月到次年2月。如果你有兴趣参加暑期项目，尽早完成你的申请材料并广泛申请。无论你最终选择申请哪里，记住：所有的实验室都很乐意获得良好的实验帮助。

联系研究小组

找到你想要工作的研究小组之后，给项目负责人发一封简短的介绍邮件。通过提及研究组的兴趣点以及这份工作如何帮你实现未来的目标来强调你的兴趣。介绍邮件里可以包含任何相关的课程作业或者以往的研究经历，即提供一份履历，也可以是你的学术简历的扩展版（有关履历的更多信息，请参阅第六章），并且放进成绩单的扫描件，联系几个证明人，比如你擅长的科目的教授。样信如下：

> 亲爱的弗兰肯斯坦博士：
>
> 　　我是英戈尔施塔特大学的二年级学生。得知您在组织再生领域进行的研究，我对您的实验室非常感兴趣。我想咨询，下学期能否在您的研究组工作。
>
> 　　我的学习计划是在本科期间与教学研究人员一起工作，获得研究经历，进入研究生院，最终成为干细胞生物学和再生医学教授。我熟悉实验室流程，也熟悉3个季度的生物实验课程教授的技术知识：遗传学、细胞生物学和生理学。
>
> 　　简历和成绩单见附件，供您审阅。如有需要，我很乐意随邮件附上之前的导师和教授的推荐信。期盼能加入您的研究组。
>
> 　　谢谢你的考虑。
> 此致
>
> 　　　　　　　　　　　　　　　　　　伊戈尔·鲍罗丁

永远都要谦恭礼貌，不要被拒绝或没有回复打败。一个研究组可能不愿意花时间、金钱和精力去培养一个学生。如果你一周内没有收到答复，再发一封邮件，确保之前的邮件没有丢失。如果之后还是没有任何反馈，继续联系另外的实验室。考虑同时联系两三个项目负责人，看哪个更符合你的兴趣。

如果项目负责人对你感兴趣，就会邀请你来面试，看你是否适合这份工作。你需要着装专业，仔细阅读项目负责人给你发的所有材料，浏览实验室最近发表的论文，并做一些额外的准备，以此将自己和不合格的候选人区分开。准备回答下列问题：

- 你以前的研究经验是什么？（如果有的话）
- 你的专业目标是什么？
- 你期望从这份经历中获得什么？
- 你最感兴趣的是哪方面的研究？
- 你对科学、技术、工程、数学（STEM）领域有哪些了解？
- 你会为研究组带来什么？

记住面试是双向的，通过问以下问题，这次会面也提供另一个机会，让你了解自己是否愿意在这个研究组工作。

- 我能得到什么？
- 最短承约期限是多少？
- 研究组以前培养过本科生吗？
- 实验室打算发布这个项目吗？

- 我需要怎么做才能让项目负责人有信心把我的名字放到论文稿件上？
- 实验室如何决定文稿上的著作权排序？
- 我何时能承接自己的独立实验室课题？

也要考虑一下你所联系的实验室是否有利于你个人在科学征途上的发展。你的项目负责人会是一个可靠的导师吗？如果你对研究生院感兴趣，项目负责人会帮你申请吗？查明实验室是否已经培养了其他本科生。如果已经有大学生在实验室工作了，问问他们是如何平衡学习和研究的，以及他们从资历深的实验室成员那里获得了多少指导。

此外，实验室是隶属学院的吗？要想知道你在实验室将会如何度过，其他的实验室成员是真实的信息来源。因为很多项目负责人都很忙，有可能你大部分的时间都是和研究生或者博士后一起工作。他们对待你是像同事，还是把你当成数据生成机？或是认为你是一个麻烦？

最后，你所选择的项目负责人是否拥有终身职位可能对你在他的实验室工作会取得什么样的成果有影响。没有终身职位的教授经常为工作产出焦虑，因为在享有盛誉的期刊上发表成果事关他们未来的工作保障和职业前景。对发表成果的需求会使工作环境更有压力，但是也能有更多机会得到密切的指导，在研究组内承担更大的责任，并获得更高的产出。另一方面，更成熟的项目负责人也许有资金开展许多课题，雇用大批研究生和博士后。他们也可能在领域内树立了科学声誉，能帮助你在以后的学术生涯中建立联系，但是要注意的是，他们越有名，花在你身上的时间可能就越少。不管怎样，每个实验室都不大一样，在同意做别人的事情之前，你应该专注于自己的研究。如果你觉得这个实验室不适合你，不要害怕拒绝。

寻求研究经费

在获得有资助的研究职位之前，也许有必要在一个实验室做一些志愿工作来获得研究经历。如果你在考虑接受一个没有薪酬的研究职位，不妨问问项目负责人以后有没有可能获得报酬。

一些学生为了补偿花在兼职或者全职研究上的时间，一般从他们的大学获得资助，或者通过专业团体申请国家资助（本章稍后讨论）。项目负责人也许能够帮你找到并申请外部资金来源。你需要寻找在你的实验室和大学中可用的资源。

学生经验之谈

你是如何发现研究机会的？

我在大学里的一个细胞生物研究实验室工作，我给系主任发邮件询问我能否进实验室，并且最终得到了这个机会。我联系了五个研究者，才有一个人回答我。只要不断寻找你感兴趣的事物，机会就会出现。

罗杰（维克森林大学）

我通过一个全校范围内的研究见习生配对项目获得了研究经历。这是个不错的机会，去了解真正的研究是什么样子的，并且真正地用课堂上学不到的技能来工作。

颖超（加利福尼亚大学伯克利分校）

> 我问我的朋辈导师是否有教授需要本科生实验室助理,她向我推荐了一位。我和他交谈后,他给我联系了另一个实验室。我就这样进入了实验室。
>
> 瓦内莎(加利福尼亚大学河滨分校)

> 大一的春季学期结束时,我去找我的生物学教授,询问能否跟他一起在实验室工作。他向我介绍了一位博士后,我和他们都建立了牢固的关系。
>
> 大卫(南加利福尼亚大学)

在实验室

你的研究经历会因你所在的实验室类型而有所区别。如果你在做生态研究,你的"实验室"可能包括大自然。在遗传学研究中,你的实验大多涉及微型离心机管和吸管吸头。如果你在生物信息学实验室,你可能仅仅需要一台电脑,以使用数据库和先进的统计软件。

不要担心一开始进行研究的只是小项目。弗洛伊德的第一个独立的研究任务是找出鳗鱼的睾丸在其体内什么位置——这与他后来发展的潜意识理论相去甚远。每一段旅程都有个起点。所以,就从某个地方着手吧,看看你的研究和你对自己的发现能带你去到哪里。

没有一本书可以描述你在众多的科学学科实验室中可能遇到的所有特质,然而,在所有的科学领域,仍然有重要的一点是相同的:科学进步是一个积累的过程,有赖于研究员收集和共享数据的能力。因此,你要做的研究的最佳信息来源就是该研究领域发表的论文。

了解你的研究领域

现在的研究建立在过去研究的基础上,所以如果你在这个领域内是新手,你要大量阅读之前的研究成果,以便理解你在研究组要做什么。找项目负责人或者实验室同伴要文献综述——总结了一个特定主题最重要的进展的学术论文——并阅读一些实验室最近发表的论文。

除非你在所研究科学领域中已经有了广泛的学科背景,否则你可能不会完全理解出版物上的内容。这很好!首先,大部分的期刊都有相似的结构,帮助你浏览论文,详见表5.1。

表5.1　学术论文的结构

构成	描述	你应该做什么
摘要	摘要对学术论文进行简要综述,包括要解决的问题、研究假设、数据结果和作者的分析	浏览摘要看是否与你的研究相关
引言	引言通过引用过去的发现解释了研究背后的科学背景和动机	阅读引言,了解这篇文章是如何与早期该领域的发现相一致的
方法和材料	方法与材料部分描述了怎么设置实验、用了哪些材料以及如何测量或分析数据	如果你想知道如何进行实验,参阅"方法与材料",看自己是同意他们的方法还是自己来做实验

续表

构成	描述	你应该做什么
结果	结果部分通过图表——曲线图、表格、模型、几何图等,再加上描述来展示数据	查看数据,看看作者对图表的描述是否对你有意义。有时,你会发现你并不完全同意他们对结果的解释
讨论/观察	在讨论/观察部分作者解释了实验结果是如何解决所研究的问题	思考并决定作者的分析是否经得起审查。他们的结论符合逻辑吗?他们夸大了他们的发现吗?还可以做些什么来加强他们的解释?
参考文献	参考文献部分是提供了研究论文科学基础的文章列表	浏览参考文献部分,寻找其他可能与这篇学术论文有关的论文

掌握一些中级和高级STEM课程会帮助你理解研究论文,但你的理解主要取决于你所投入的努力。你将不断地遇到新的术语、概念和实验。阅读论文时,突出显示或强调任何你不了解的内容,请参考教科书和网络资源来填补知识空白,然后再阅读论文。

如果你仍然不能理解你正在阅读的文章的内容(这是正常的),可以询问你的实验室成员。通过阅读和提问来加深理解,这会让你在实验室和课堂上成为一名更好的科学家。

记录一切

在实验室笔记本上记录下你所做的一切：程序、使用的材料、数据、运算、观察结果以及任何没有按照计划进行的事情。把事情都记下来有助于你回忆和复制之前的实验或者指出潜在的错误。你的描述越详细，这项工作做起来就越容易。大多数科学家都保存着完整的实验室笔记和文件夹来记录他们的实验项目，这些项目有时会持续数月甚至数年。

始终考虑全局

问问自己，为什么要做这个特定的实验、计算或者模拟？无论你在实验室里做什么，都需要弄清楚你的实验任务是如何与被问及的科学问题关联的。专注于更大的局面，你就会了解如何解释数据，并将其从科学角度完整整合。通过学习如何解决科学问题，你将为进行下一个实验或者在研究组中提出下一个大问题培养技能。

生成数据

学习了相关的背景知识和技术之后，应寻找机会开展自己的实验，为研究组提供数据。跟同组的人交流，看他们正在做什么，还需要证明哪部分假设，然后拟定能生成数据的可行的模型。与实验室成员分享实验设置，获得反馈，并查看以前的论文，找出最佳控制装置、变量和条件。根据它的复杂性，你可能需要几分钟到几个月的时间来开展实验。尽可能仔细地运行实验，做好详细的记录。如果实验不起作用，你就不得不修改实验方法或者需要提出一个完全新的方向，如果有详细的文档记录，就会轻松一点。

当你终于掌握了一些有意义的科学数据时，应尽快把发现整理成文字或者表格，简要描述一下数据显示的内容并说明数据如何契合你的课题。这样你就不会忘记你收集的数据。如果项目负责人让你做一个海报或者实验室报告，你就有足够的数据准备应对这项工作。

研究最开始的时候，你一定会犯错误，而且可能是很多错误。不要畏惧挫折或者瓶颈；相反，把它们看成是改进的机会，从错误中学习。只有通过练习，你才能做到这一点。

保证安全

用你最好的判断来评估研究条件的安全性。每个研究组必须按照特定的安全规程进行工作。然而，出于诸多原因，包括削减成本、缺乏监督或是简单的疏忽，一些实验室可能不会那么仔细地加强安全预防措施。另一种情况是其他实验室完全按照安全标准工作，但是，可能会进行相对危险的实验或者使用危险的试剂。在实验室从事生物危害、毒药、炸药、放射性等的研究，无论实验多么仔细，总会带来一定程度的危险。当开始或者考虑在新的实验室工作时，询问当前的实验室成员是否觉得实验室安全措施状况良好。很有可能，他们会告诉你一切正常，毕竟他们最开始选择了在这儿工作。然而，考虑了所有的情况之后，选择什么样的实验室环境会让你感到舒服是个私人问题。如果你对工作环境感到不舒服，最好找一个更合适的实验室。

如果你在实验室里发生了意外，导致了某种物质的泄露或者造成了身体伤害，立刻告知实验室另一位成员，最重要的是得到帮助。现在不是担心项目负责人会责难你的时候。如果你需要帮助，立即去寻求。

在实验室工作的最后一点

研究是一个见习期——你通过观察别人来学习并逐渐做他们做的事。但是与研究生、博士后、实验室技术员和项目负责人不同，科研成果不会直接决定你的职业前景或者生计。应向他们证明，他们应该相信你，你会认真对待他们赖以谋生的工作。仔细观察，获取尽可能多的信息和技术，遵循程序，保持你的实验环境干净、有条理，最重要的是，要问问题。

有时会搞砸一些事，这没关系——每个人都会有这种时候。通过不断地排除故障，调整实验条件或方法。一旦你进行的实验很可靠，项目负责人和其他组成员会信任你，给你更重要的任务。等你觉得准备好了，问问你的主管还能帮实验室做些什么。

你需要积极思考，学习新东西，享受乐趣。

与他人分享你的研究成果

撰写一篇科学论文

靠运气和努力，你的研究可能会产生一些能用在科学论文中的数据。很有可能的是,实验室里一个和你一起工作的更资深的成员会撰写论文的大部分内容。然而,在极为罕见——而且也难以置信——的情况下,将由你负责写论文。你会发现,通过阅读领域内相关的论文和你所在实验室最近发表的论文来了解该怎么做,这一方法很奏效。每门学科和每一期刊都有自己的体例和格式要求,阅读已发表的论文是最佳的学习方法。

在撰写论文之前,先弄明白你要表达的观点,以及你的数据能否给你足够的证据。项目负责人会判断事实是否如此。在《科研成功之路》一书中,科学家和职业专栏作家菲尔·迪提出撰写论文要大胆打破常规,这是我们强烈推荐的。他的基本前提是先从方法和材料着手,再写论文的其他部分。确保你在方法和材料部分对实验的描述准确清晰。你的目标应该是描述清楚,让读者能进行同样的实验,得到同样的实验结果。接下来,结果部分应该详细描述实验生成的数据。这部分不是分析数据的地方——把它留到讨论部分。尽可能清楚地解释你的数据,不要假设你的读者可能知道什么。

既然有了结果,你就有写引言和讨论部分的材料了。引言首先解释课题背后的科研背景,接着描述你的研究是如何在过去的发现的基础上符合学科发展大局的。阐述你的研究的重要性,然后探讨你的假设,以及你如何解决它。最后,在讨论环节,解释你的结果支持或者不支持你的假设。努力支持你从研究中得出的结论,但不要夸大发现的重要性。

写论文需要时间和精力。与课程论文不同,你(或者项目负责人)不得不设定一个截止日期。在你的日程表里安排一些时间来写稿子。一旦论文的一稿完成，从实验室经验丰富的成员那里征求语法、风格和清晰度方面的反馈意见。即使你全身心地投入你的论文中，也要虚心地接受批评，接受反馈。

发表一篇科学论文会是一个漫长的过程。出版可能会碰到来自导师、专业领域、投稿期刊和审稿人等方面的障碍。但这并不是说一些富有进取心的本科生以前没有做到过。

除了在同行评审期刊上发表论文之外，如果你仍然期待发表你的结果，还有其他的方式。在学术期刊上发表论文固然是最理想的，但是参加海报展和学术会议也不失为一种共享研究发现并增强学术资历的好方法。

参加海报展

科学海报是在研究论文刊登在期刊上之前传播科学信息最有用的方式之一了。这些展览和你中学和高中参加的科学展览一样——房间里放着好多大海报，周围的人四处乱转。不管你相不相信，真正的科学家也这么做。许多本科生研究项目和机构举办海报展来庆祝和展示本科生的研究成果，让学生得以与他人讨论研究，发现、观察同行的工作。海报不需要基于已经完成的研究，很多情况下都是展示还在进行的工作。

海报应该条理清晰，包含缩略形式的论文要素，比如引言、方法、结果、讨论、致谢和简要的参考文献部分（图5.1）。然而，没有必要将这些要素写成小标题。你的数据也可以分成图形和表格，或者按照你想要用图表支撑论点（结果）的顺序排列，加上对数据的简要解释（结果与讨论）（图5.2）。

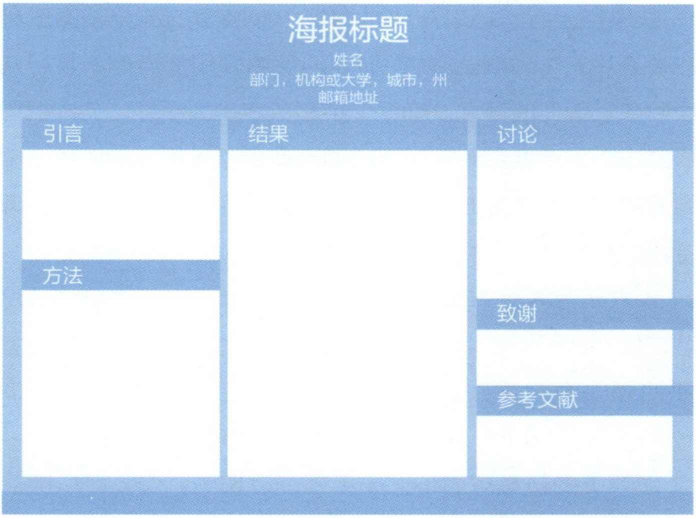

图5.1　海报模板1

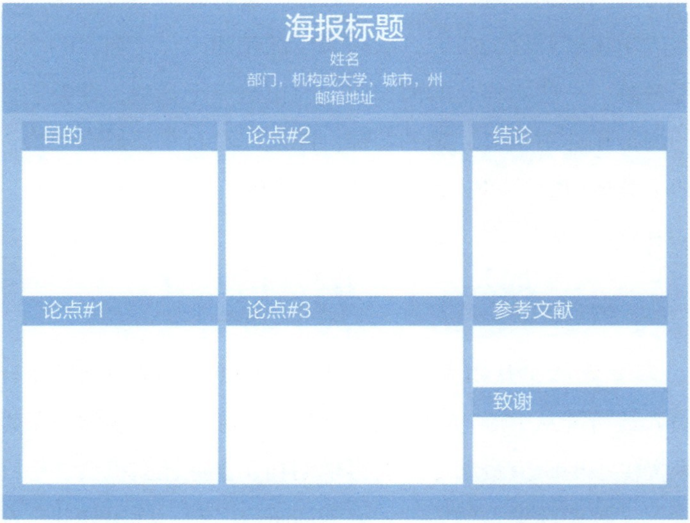

图5.2　海报模板2

从风格上看，标题应该是海报中最突出的部分，图形和表格应该至少有 1.5 米长。简明扼要地用图表和要点而不是用冗长的段落来呈现你的信息。确保文字和数字排列很好，文本框留有足够的边距，还要避免在海报的周围使用惹人厌恶的颜色，要用好看的字体。每个地方都做点努力，会让海报看起来既有条理又很专业。

走过研究大楼的走廊，你可能会发现研究组之前做的海报都贴在墙上。记下你认为是最容易理解的海报类型，找实验室同伴要他们的海报文件，用来作参考。典型的海报制作软件有 PowerPoint, Adobe Illustrator, Photoshop, InDesign。

海报上的信息应当不需要另外加以说明，但是可以随海报一起准备个简短的演讲。演讲应简短——大约 1~2 分钟——然后把笔记卡片放在家里。在海报演示前几天，对着镜子或者在实验室同伴面前温习一遍。更好的方式是，试着向那些没有相关领域背景的学生解释你的研究，以获得反馈和建议，让自己的演讲更容易理解。一些本科生的海报展同时也是一个竞赛，评委们评估你的海报和你对研究课题的解释。即使你没有获得最高荣誉，一场海报竞赛也会给你机会磨炼科学沟通技巧。

加入一个专业或科学团体

科学团体是从事同一学科研究的 STEM 专业人员的组织，会员人数可能从 1000 人到超过 10 万人不等。这些团体可以为科学家提供小型研究资助、运营科学期刊、创造社交机会、组织科学会议、游说议员为他们的领域增加研究经费。话虽如此，在科学训练这一阶段中，科学团体所提供的大部分资源都不会立即与你相关。然而，许多科学组织提供免费或打折的学生会员费，让你对这个领域感兴趣，并为参加科学会议提供辅导机会、奖学金等。表5.2列举了部分为大学STEM专业学生提供项目的科学组织。

表5.2　为大学STEM专业学生提供项目的科学组织

科目	团体
生物	美国癌症研究协会 美国生物科学研究所 美国细胞生物学学会 美国微生物学学会 全国生物医学研究协会
化学	美国化学学会
计算机科学	美国计算机协会 电子与电子工程师学会计算机学会
工程	美国航空航天学会 美国土木工程师学会 美国机械工程师学会 美国化学工程师协会 美国生物医学协会 电气与电子工程师协会 美国全国职业工程师协会
地质学	美国地球科学学会 美国地球物理学会
数学	美国数学学会 美国数学协会 美国工业与应用数学会
物理	美国物理学会
神经系统科学	全国神经科学学会
综合	美国科学促进会

参加学术会议

积累科学知识需要科学家之间互相交流。思想的交融经常发生在学术会议和研讨会上，研究人员展示研究、探讨结果、与其他研究人员交流。会议可以很小，只围绕一个特定的主题；也可以很大，许多会议围绕着不同的话题同时展开。较大的会议通常由地区、国家或者国际团体定期举行，参加的人数从几百到几千不等。

学术会议给科学家提供了机会，让他们通过海报或者口头报告（即向参会者阐述你的研究工作）来同他人交流；这些口头报告是留给更深远的发现的。参加任何类型的学术会议通常需要会议审查并通过你提交的摘要。研究人员在会议前几个月提交一份摘要——详细描述自己的研究课题。与同行评审期刊相似，该领域的专家会阅读摘要，选择与会议最相关的突出作品在会上展示。不同的会议选择作品的标准也不一样。

如果你在研究中取得了重大进展，与项目负责人谈谈在与你的研究相关的会议上展示成果的事。许多重大的专业会议，比如一年一度的美国化学学会全国会议和博览会，为本科生研究人员提供单独的海报展。还有几个会议专门针对本科生研究人员，包括全国大学生研究会议。如果你正在考虑申请研究生院，会议会是个绝佳的地方，让你有机会碰到以后想一起工作的项目负责人。

本书的作者之一，贾斯汀，提出了下列有关会议的建议：

我本科的时候比较幸运地发了篇论文。但是当我的导师建议我在会议上展示论文时，我不愿意从课堂上抽出时间，就拒绝了他。毕竟，我想如果科学家们想要阅读我的小论文，他们随时都可以看，对不对？现在回想我的选择，我意识到自己错了。出于很多原因，参加会议都是一个好主意。在一场会议上，你可以在自己感兴趣的领域（这个世界有时候比你想象的要小）遇到一些人，与他们交往，把你的成果与他们分享，了解新的尖端科学。在学术会议上做演讲的经历甚至可以放进你的简历里。你所在学校的奖学金或者其他资源（包括这个专业团体本身）能帮你支付参加会议的费用。

我应该写一篇荣誉论文吗？

很多STEM专业院系都提供学生撰写本科毕业论文的机会（或者要求）。在许多大学，成功完成论文——加上你在专业中整体强大的学术表现——会让你有资格获得优秀毕业生的荣誉称号。完成一篇论文需要在老师的指导下调查一个科学问题，然后撰写研究报告，进行公开展示。整个过程会让你思考自己的本科生教育，甚至为你未来的职业提供了桥梁。最好的情况是，你的论文可能会发表，甚至在科学会议上获得一席之地。

荣誉论文可能要求很高，会耗费不少时间。一篇荣誉论文至少需要一个学期才能完成，此外，你可能不得不在一个小型答辩委员会的老师们面前"捍卫"自己的论文，包括回答有挑战性的问题来检测你所达到的学术水平。论文的写作部分是一个漫长的工作（大约20~100页，双倍行距），将包含与研究相关的部分。这通常意味着你的论文要有摘要、引言、方法和材料部分、结果概述、详细的讨论、大量的引用文献，还需要图表、图形、方程式和表格来记录你在研究中获取的数据。

在考虑要不要做一篇荣誉论文时，想一下荣誉论文可能对你的教育或者职业发展有多重要。如果你不打算让科学研究成为职业生涯的重要组成部分，或者你打算毕业之后找一份跟科学不相关的工作，那你大学期间应该在其他事情上多努力。同你的项目负责人或者主要导师谈谈自己的选择，但是要记住他们可能会鼓励你去做荣誉论文，因为他们最感兴趣的是所在实验室或者部门获得了更多的数据。

为本科科研人员提供的奖项、奖学金和助学金

有很多奖项、奖学金和助学金可以用来支持学生做研究。这些取决于你所在的学校和项目。有些学校可能会提供研究补助以及与研究直接相关的费用方面的资金支持，比如购买昂贵的试剂。

如果你是一个优秀的学生，你可能有资格获得地区或者全国大学生奖。对于拥有美国国籍或者有永久居住权的STEM学生来说，最有声望的奖项是戈德华特奖学金。每年，戈德华特基金会都会对250~300名在科研方面取得了很高成就的大二、大三的学生颁发奖学金。该奖学金包括一些符合认定标准的学杂费、书本费、住宿费，也有可能会带来潜在的来自研究生院和行业的工作。关于如何申请竞争性奖学金，请阅读第六章。

你应积极主动地寻找奖学金、助学金和其他资源来支持你的研究。如上所述，专业团体也为特定领域的本科生提供奖项和奖学金。查看你的专业和特定研究领域的国家团体，不要犹豫，

向你的导师要求提名——这也是导师发挥指导作用的一个机会。

结 束 语

研究让你运用自己的科学知识，更多地了解自己的研究领域。即使你决定毕业之后不再继续做研究，你也会对如何应用科学探索新知识有一个更好的了解。

第六章 本科之后的打算

> 我们永远不知道想要什么,因为只有一世,我们没有前世可比,也没有机会在来世完善它。
> ——米兰·昆德拉《不能承受的生命之轻》

科学可以引导你找到不同的职业道路：研究、开发专利、教育、医药行业，甚至是可以成为一位极富资质的年轻作者，撰写一本关于大学科学的书。即使是在上大学之前，你可能就已经有一些关于毕业之后的想法了——不管想法有多模糊。本章和接下来的一章会帮你将想法具体化，并向你介绍理工生经常走的一些路。本章会帮你开始思考选择一个职业，给予一些工作的注意事项，提供有关研究生奖学金和助学金的信息。第七章将讨论STEM专业学生大学毕业之后的职业和教育选择，包括传统路径如研究生院和非常规路线如创业，在你不断思考未来的方向时，参阅这两章以及其中提到的资源，更多地了解如何为自己的目标做准备。

但是关于职业建议必须要有一个免责声明：你的生活或是职业都没有公式可循。许多工作都没有一条直接通往目的地的标准路径。没有表格要填，也没有队要排。你必须得不断培养自己的技能，睁大眼睛寻找机会。甚至你也许会发现并解决了人们自己没有察觉到的需求，从而创造出一份工作。

第六章和第七章的目的是为你提供有关研究生计划的信息，这些信息在理工生中比较常见，与STEM领域直接相关，且拥有标准的申请流程。这两章应该是你思考和为广阔的世界做准备的一个良好的起点。

考虑大学毕业后的生活

如果浏览当地书店的自助区，你会发现，关于选择职业，有两大流派。第一个流派认为你应该"跟着你的激情走"，找到一份你喜爱的工作；另一派认为激情是无关紧要的，学习如何在工作中脱颖而出，是你开始喜欢它的原因，所以应该选择"实用的"。

你可能会喜欢做律师，在座无虚席的法庭进行激烈的辩护，但是如果你90%的时间都花在案件辩论书上，那这可能对你来说不是正确的职业选择。事实上，如果你确实觉得自己对某一职业有着强烈的欲望，那就要确保自己对日复一日的工作感兴趣。另一方面，如果你不太重视"激情"，认为自己倾向于有实际利益的工作——比如高薪——你至少应该选择一个从长期看来会很享受的职业。

开始问问自己想从职业生涯中得到什么？

- 我想要什么样的工作环境？
- 从长远来看，我喜欢从事什么活动？
- 我想和谁一起工作？
- 我想要什么样的生活方式？
- 我需要多少钱去支持我想要的生活方式？
- 我想住在哪？我的职业允许我住在那吗？
- 我能适应经常到处跑吗？
- 我有多少工作保障？
- 我还需要多少教育和培训？值得吗？

这些都是很难回答的问题，需要仔细考虑，尤其是你正在处理大学日常的生活琐事之事。然而，最好还是在学校里想想这些，在你还有时间和资源的时候，而不是等到毕业，必须马上决定自己要做什么的时候。许多领域要求在大学期间就做一些（或者许多）准备，如果你能在毕业前决定你是否对其中一个领域感兴趣，你就能避免让自己由于缺乏准备或者牺牲个人时间去满足你没有早点意识到的需求，而进入不大感兴趣的行业。

幸运的是，你不需要独自去做。

与大学就业指导部门和专业咨询办公室谈谈

有一些专业人士的工作就是帮你选择未来职业，进入研究生院，找到一份工作。他们是学校就业指导部门的职员，向他们寻求帮助是很明智的。他们可以帮助你确定感兴趣的工作类型，修改你的简历，安排模拟面试，告诉你那些你可能不知道的工作信息，联系在你感兴趣的领域内有经验的校友。

许多学校还聘请专业顾问，专门指导研究生和专业学校招生。专业顾问通常开设有针对性的工作坊，可以提供如准备面试、写个人陈述或者兴趣声明等帮助。这些工作人员也能帮你联系业内专业人士，进行工作观摩和信息性面试，传递暑期实习的信息。在学术生涯中尽早认识你的指导老师，可以确保你在想要的职业领域的正确道路上。

参加性格测试

就业指导部门可以对你进行性格测试，帮助分析决定你可能从事的职业。

其中一个测试是迈尔斯-布里格个性类型测量表，它可以告诉你你可能会喜欢什么类型的工作和职责。另外一个常用的测试是斯朗特-坎贝尔职业兴趣量表，它将你的喜好与各种职业的专业人士进行比较，发现可能会适合你的工作。如果你不同意测试结果，也没关系。他们旨在帮你着手考虑职业生涯，而不是否定你现在的目标。

有了这些测试结果，与就业指导人员进行交流，找出更多你可能比较喜欢的工作。如果你认识在这个领域工作的人，与他们见面问些问题。职业指导部门通常会有各行各业的校友数据库，利用这些数据去联系你感兴趣领域的校友，并开始与他们建立职业关系，他们可能会成为你未来的导师或雇主。

找一份工作试一试

要夸大现实生活中工作经验的重要性很难。你不会没有试驾就决定买一辆车，是吧？尝试去做工作观摩——也就是说，花一天时间跟着一个专业人士，看他处理工作。观察工作中的日常情况——不管是好的或是坏的，令人兴奋的或是沉闷的。你可以通过接触自己的联系人或者请学校的职业指导部门帮忙联系目前在你感兴趣领域内工作的校友，来获得观摩机会。

暑期实习能给你带来更加深入和长期的接触职业的机会，也许能帮你进入研究生阶段。事实上，一些公司会给最好的实习生提供工作机会，所以将你的实习看成是雇主安排的试用期，看你是否适合他们公司。即使你最终不能在先前实习的公司工作，你仍然可以借助这段经历做出明智的职业决定，培养技能让自己更受其他公司欢迎，并在你感兴趣的领域与他人交往。

建立社交网络

社交是获取内部人员职业信息、建议和机会的好方法。在你的生活中，你的联系人列表可能是你的朋友、家人和校友。通过参加社会活动，如招聘会和专业会议拓展你的交际圈。你也可以通过专业的社交媒体平台来拓展你的人脉。

社交是在就业机会公开发布之前了解信息的最佳方式，而且极有可能也是实际获得职位的最佳方式。尽管如此，找人、寻求反馈和建议，说服他们为你担保，还是会耗费时间和精力的。当你得到你想要的工作时，社交活动没有结束。和你一路走来遇到的人保持联系，并帮助那些还在找工作的人来回馈他们。

这里有一封示例信件，你可以寄给你想去工作的公司的招聘部门，了解工作机会，让你潜在的雇主知道你对他们感兴趣。

> **例1 请求信息面试的信**
>
> 亲爱的伯德女士：
> 　　我目前是S学院大三的学生。在参加了众多S学院妇女与财政独立中心的活动，也包括聆听了您最近关于筹集权益资本的演讲之后，我首次对在投资银行工作产生了兴趣。
> 　　为了准备即将到来的招聘季，我想向您咨询您的公司M以及招聘流程。我知道您肯定很忙，我会感激您提的任何建议。请让我知道您是否有时间。
> 　　谢谢您的时间和考虑。
> 此致
> 　　　　　　　　　　　　　　　　　　　安吉·孙

请在本科期间与潜在导师保持联系。询问关于这个领域的一些有深度和真诚的问题,比如:

- 你是如何进入这个领域的?
- 你的职责是什么?
- 典型的工作日是什么样的?
- 你的工作有哪些优点或缺点?
- 人们对你的工作有什么误解?
- 你认为你5年或10年之后的工作或行业或领域会是什么样子?
- 什么经验和技能可以让我在这个领域更有市场?

在线提问

你也可以在网上找到职业建议,比如论坛和公告,像果壳问答网站(Quora)、红迪网(Reddit)。它们可以将你与一个庞大的用户群相连接,可以回答你感兴趣的领域的各种各样的问题。只是要记住,在匿名的状态下,不是每个人都有他们自己声称所拥有的证书。对所有的在线建议都要有所警惕。

推销自己

你可能不会把自己看成是销售人员,但是你仍然得知道如何向市场推销自己。不管你是在找工作、申请研究生院,还是申请研究生奖学金,都是如此。为此,你需要准备一些材料向你的潜在雇主、研究生院或者奖学金委员会介绍自己。这份材料包括求职信或者个人陈述、简历或履历，还有推荐信。

当你开始找实习单位和工作单位时，弄清楚你的专业材料是否符合你感兴趣的领域的特定格式。比如，如果你打算在金融领域工作，与目标设定在申请有竞争力的研究项目相比，你的简历需要强调不同方面的经验。为了找出每个领域的标准，向就业指导部门、学长、教授咨询，最重要的是，向那些已经在做你想做的事情的人咨询。

求职信和个人陈述

求 职 信

求职信是向潜在雇主提供关于自己的专业介绍。求职信应当强调相关的技能和专业经历，证明你符合感兴趣的岗位的要求。求职信应该回答以下问题：

- 你过去的经历与你申请的职位有什么关系？
- 你是否了解组织的目标以及它需要什么？
- 你如何应对这些需要？
- 你是否适应公司的文化？

组织好求职信，突出能够满足公司可能需要的品质。浏览公司的网页，分析他们的使命宣言，看他们注重什么品质。公司强调多元化吗？描述一下你的生活经历会帮你改善工作环境。公司强调对社会的承诺吗？谈谈你可能有的任何志愿者经历，并解释这份经历与你申请的职位有什么关系。

例2　暑期工作求职信

亲爱的刘易斯先生：

　　我是××大学数学系的大三学生，有兴趣在A公司的投资银行部门工作。我相信，鉴于在领导力和计量方面的经验，我会成为部门暑期分析师岗位的有力候选人。

　　在我的学习生涯中，我一直在寻找机会磨炼我的定量分析技能和领导力。在××大学期间，我参加了创业竞赛，分析了财务报表和市场趋势，并在大一时就赢得了全校第二名的成绩。我曾作为一家小额信贷公司——B公司的研究助理实习生，撰写了财务报表和报告，总结了公司的长期收益。

　　鉴于A公司对卓越和全球社会的承诺，我被公司以客户为中心的理念和全球市场的地位所吸引。我相信，在A公司工作会给我无数机会去创造改变。此外，作为一个寻求挑战的人，我相信A公司会提供给我绝佳的机会，让我在与其他上进的人一起工作的同时，进一步培养我计量、分析和沟通技能。

　　我很高兴有机会与您分享我在暑期投资银行分析师岗位上的能力和兴趣。感谢您的时间和考虑。

此致

杰西卡·利姆

例3　STEM行业暑期工作求职信

亲爱的史密斯女士：

我想申请20××年A公司的项目暑期实习生岗位，请您考虑我的申请。我主修化学工程，明年将从××大学毕业。我认为开发可持续的替代能源是我们这个时代的一个关键的科学问题，在大学期间，我通过学术研究和行业工作经验培养能力。

3年来，我在××大学进行了可再生能源研究，包括移动生物质热解工艺设计和二氧化碳到甲醇工艺设计。通过这些项目，我在热力学和动力学建模方面获得了丰富的经验。

此外，我在替代能源行业有两个暑期工作经验，我在B公司担任化学工程师实习生，从废弃生物质中提炼纤维素乙醇。具体来说，我帮助调整了原来的药物配制报告，使它与行业最佳标准匹配，最终产量增加了6%。

我认为我的技能和经验与你们的岗位非常匹配，我欢迎您或者A公司其他成员与我进一步探讨我能否胜任。

我将在一周内与您联系，看是否可以提供关于我的候选资格的其他信息。如您有任何问题，请通过电话×××××与我联系。

谢谢您的考虑。
此致

克里斯托弗·布莱克

个人陈述

申请研究生院、专业学校和奖学金通常需要作个人陈述。与求职信不同的是，个人陈述不仅要强调你的资格和专业经历，还要让读者了解你是谁。你应该强调的是一些可量化的品质，比如你的背景和生活经历是如何促使你决定申请这个项目的。叙述相关的学术和研究经历，展示你对这个项目的热情。你也可以加入专业领域之外的经历，比如兴趣爱好和志愿活动，把你描述成一个全面的人。你在个人陈述中可能加入的其他要点如下：

- 是什么让你与众不同？
- 你是如何探索这个领域的（比如：高级课程、研究、工作经验）？
- 你的职业目标是什么？这个项目如何帮你实现这个目标？
- 你在生活中遇到过困难吗？
- 你拥有哪些个人品质能让你在这个项目中取得成功？
- 你将如何推进这个项目？

如果你正在申请科研型研究生院项目，你可能需要写一份目的陈述。目的陈述与个人陈述类似，但是侧重点稍微有点不同。目的陈述应该简要总结你的研究背景，概述以前的研究经历，解释这个项目会如何帮你实现职业理想，说明这个特定项目中的什么因素吸引了你，包括你想一起工作的特定教授的名字以及他们当前课题的简短描述。解释你过去的经历将如何帮你在这个项目中取得成功。

简历和履历

简历是一份简要的文档，一到两页，概括了你的教育、工作经验和其他专业技能。与简历相比，履历更加详细，包含了额外信息，如学术背景、过去的工作经验、出版作品情况、演讲、获奖、个人推荐等等。因此，履历与申请学术、教育或科研岗位更相关。除了上面列出的基本成分之外，你还可以在简历或履历中增加其他相关细节，比如职业目标、资格证书、技能总结、参与的会议、相关课程列表、专业会员、兴趣、课外活动或者社区服务。简历样本如图6.1所示。

斯塔尔·斯图登特 电话：（123）456-7890	Star-Student@uchicago.edu 123大学路，芝加哥，IL，60615	
教育背景 2014~2018年	芝加哥大学理学学位数学专业 绩点：3.90/4.00	海德公园
2010~2014年	斯马尔蒂中学 绩点：3.85/4.00	芝加哥IL
获奖/荣誉 2016年	青年科学家（芝加哥大学一个夏季数学研究项目的杰出奖）	
出版作品	1.斯图登特.为什么面包师的一打是13个？[J].量化烹饪期刊，2016，1(1)：100–110.	
研究经历 2015年暑假	芝加哥大学数学系 导师：卡尔·邱雷特博士(Cal.Culator@uchicago.edu) 课题：为什么面包师的一打是13个？ 项目资金：本科生国家科学基础研究项目资金	海德公园
领导经历 2015年至今	芝加哥大学数学协会秘书 青年企业家协会会长，此为本科生组织，旨在帮助有志成为企业家的大学生去创造、生产、营销新产品	
工作经历 2014~2015	微积分学I助教	芝加哥大学数学系
志愿者经历 2013~2014	医院钢琴演奏	芝加哥大学医疗中心
爱好	小提琴、网球、新闻工作	

图6.1　简历样本

语法上的简要说明

我们不能夸大正确的拼写和语法在申请与潜在雇主、研究生院和奖学金的联系中的重要性。正确的语法表现出你注意细节，这一点在任何领域都很重要。相反，拼写错误会让人对你的专业和能力有所质疑。让你的朋友、家人，或导师浏览一遍你的求职信、个人陈述和简历，看是否有语法或者拼写错误，请教他们改进求职信文档的方法。

许多大公司都使用电脑程序来过滤求职信，将那些带有与工作要求相符的关键字和短语的求职信抽出来。在简历或履历中避免使用不常用的字体和符号，并在你的申请材料中加入关键字，以便你可以有机会被招聘人员仔细审查。

推荐信

推荐信（也叫介绍信）可以看成是你是否适合申请的项目的第三方审查。出于这个原因，你必须请求那些愿意毫无保留地支持你的人给你写推荐信。理想情况是，你应该当面问潜在的写信者，但是，如果这样不可能，发邮件也是可以的。要确认他们愿意给你写一封强有力的积极的推荐信。一封不冷不热的推荐信只会对你有害无益。当被问到这个问题时，大多数人都会如实回答是否能热情地为你担保。你可以通过指出写信人可以比其他潜在推荐者更好地说明你的品质来指导信件的内容。根据这个模板，尝试写请求他人为你撰写推荐信的信件。

例4　请求推荐信

亲爱的德兰博士：

　　近来一切是否顺利？

　　我写信给您，是想问您是否愿意帮我写一封推荐信，我正在申请国立卫生研究院学士学位内研究培训生奖励项目。这个机会能让我更多地接触研究，因为我考虑明年申请研究生。

　　我其他的推荐信能说明我在他们的课上表现如何，但是您是在一个专业的研究环境中观察我的，因此我希望您能谈谈我过去在您的实验室中的工作态度如何，以及我对研究的兴趣。

　　为了方便，我附上了我的简历、成绩单和我用于申请的个人陈述。推荐信的截止日期是5月1日，请在此之前发送到XYZ@NIH.gov。

　　如果您有什么问题，请告诉我。

　　谢谢您抽出时间来。期待您的回复。

此致

　　　　　　　　　　　　　　　　　　　　卡洛斯·埃斯佩兰

　　推荐信关乎你的利益，所以别人从繁忙的日程中抽出时间来帮助你实现你的职业目标是你的荣幸。一定要给写信的人时间来写推荐信，至少4个星期。辛辛那提大学的副教授凯文·霍沃斯博士说："在你亲自发送过这封请求信之后，再给推荐人发一封邮件把所有他们需要的信息给他们。他们可能需要知道写这封信的目的、截止日期、如何提交信件、信写给谁、收信人的地址。"你可以向写推荐信的人提供你的简历、成绩单、自传式叙述以及解释这个机会如何能帮你达到未来的目标。

　　如果有需要，在截止日期前一两周提醒一下写信的人。信件提交之后，发送一封感谢信，记得在申请过程结束之后告知他们最新的结果和你的决定。

面试制胜秘诀

如果你收到面试邀请，这说明你是所申请的岗位或项目的一个有竞争力的候选人。面试是向潜在的雇主、招生委员会或者奖学金委员会推销自己的绝佳机会，所以尽力给他们留下深刻的第一印象。

回顾一下你所申请项目的岗位细节，为面试做准备。此外，调查你将要面试的公司或机构。想想你如何向面试者描述自己。与自己在求职信中写的类似，问自己一些不错的问题：

- 我为什么要应聘这份工作或奖学金或研究生院的工作？
- 为什么我是这个项目的最佳人选？是什么让我与众不同？
- 我最大的资本是什么？
- 我的一些优点、缺点各是什么？
- 我的职业目标是什么？
- 5年、10年、15年后，我将会是什么样子？

这些都是面试中常见的问题。提前准备好回答，你可以给面试官传递有凝聚力的信息。申请工作时，记住雇主想要聪明、专业、有动力、说话得体的人。雇主也想要一个能成为优秀团队成员的人，与同事、顾客和客户互动良好的人。他们会试图评估你是否拥有良好的态度和品质，比如同情心和正直。因为大多数的公司在使命和愿景说明中都有某种类型的价值描述，你可以通过调查提前明确他们期待在公司塑造的企业品质。把对上述问题的回答引导到这些品质上。我未来的雇主会想知道你会成为他们的团队一员,给团队和客户增加价值、解决问题,并在努力实现公司目标的过程中精力充沛。帮助他们了解你会是怎样的同事。

面试快结束时,面试官会问你有没有什么问题需要询问他们的。不要浪费时间问那些浏览网页就能轻易回答的问题。相反,可以提一些有深度的问题来了解这个项目的独特之处。这样能显示你的主动性以及你有所准备,将你和其他申请者区别开来。

面 试 之 后

一天结束之后,给面试官发一封邮件,感谢他们的时间和考虑。试着提起你在面试中觉得特别感动或有趣的事情,以此来建立私人联系。没有人想要通用版的感谢信。你也可以寄手写的便条,这是邮件不具备的有着额外价值的联系。在你去现场面试的时候带上一些文具,面试后即给面试官写一个小便条,在回家之前寄出去。这会确保对话的细节在你脑子里很鲜活。

> **例5 面试后的感谢信**
>
> 亲爱的奥布莱恩女士:
>   感谢您周一抽空与我见面。我喜欢我们的谈话,也很感激××大学对我的申请感兴趣。我特别喜欢我们讨论您从商业到医生职业的道路。我很高兴能有机会成为××大学的一名医生,以便充分利用优质的资源和机会。
>   再一次感谢您的时间和考虑。
> 此致
>
> 马卡拉·约翰逊

表现专业

面试另外一个重要的方面是穿着要正式,将自己展现得专业。不管你申请的是工作、研究生院还是奖学金,这一点都毋庸置疑。除非另作通知,否则面试都需要着装正式。对男士来说,面试合适的着装就是西服和领带;而对女士来说,可能是西裤或者是正式的衬衫加上裙子。确保你的衣服在面试前熨烫整洁,不要化太浓的妆,发型风格应该保守而专业。

面试的时候,坐直,说话时要有适当的眼神交流,不要摸脸,记得微笑。回答问题时,先考虑一下,再逻辑清晰、从容地回答。

能够将自己表现得很专业是生活和工作中必备的技能。基本上你所需要的在工作中或者面试中表现得很专业的规则在高中阶段就已经教了。把手机放好,为了保险起见,调成静音(或者"请勿打扰")状态。不要咒骂或者使用污秽的语言。对遇到的每个人友善,包括秘书、清洁人员和可能会成为你同事的人。友善会让你在面试那天感觉积极、精力充沛,你不知道在你面试之后谁会被问及你的表现和精力情况。

虽然这些规则很基础,但是你一定会很惊讶于有多少人都没有遵守这些规则。不管你是否被雇佣了,老板都会视这些犯规举动为危险信号。阿曼达是高盛投资公司财务分析师,根据她的说法,缺乏专业精神绝对会阻止你获得一份工作。

树立线上形象

除了给潜在雇主正式提交的材料,还要考虑建立网上个人档案，描述你的专业计划和兴趣。

比如，通过领英（LinkedIn）你可以创建个人档案展示你的教育背景、过去和现在的雇佣情况、相关引人注目的经历、获得的荣誉和奖项、符合市场的技能、出版的作品和任何其他的成就。在你建立个人档案的时候，应增加与他人的联系，而且只要有可能，让认识你的人、你的经历、你的工作习惯来证明你拥有某些技能或者请他人为你写推荐信。在你目前和期望感兴趣的领域寻找专业的组织和团体，加入这些团体，建立更多的联系。

考虑创建你自己的网页作为自己过去所从事的项目和当前感兴趣的项目的文件夹。你可以通过GoDaddy.com这类的注册商来购买域名，或者通过WordPress这类的托管服务免费建立自己的网站。

此外，对网上任何有损你形象的内容有所察觉。如果可以，避免网上任何帖子破坏你的品德形象。根据Jobvite——一家招聘管理公司——2014年的一项调查，93%的招聘者在最终决定候选人资格之前都会查看申请者的社交媒体。55%的招聘者表明会根据他们看到的重新考虑他们的决定，这些重新考虑的情况61%最终都是否定的结果。候选人社交媒体中最为常见的一些危险信号有脏话、错误的拼写和语法、提到酒精和毒品、涉及色情帖子。

研究生助学金和奖学金

有很多助学金和奖学金旨在帮助本科毕业生继续学业，包括研究生项目或计划的津贴或费用，比如研究生院、出国留学、开展研究或者语言进修。首先在你的学校里寻找这些奖学金。此外，一些最有名，也是最富竞争力的奖助学金列在表6.1中。

许多有竞争力的国家奖学金需要学校官方的支持。在你的大学生活早期,与奖学金机构预约,讨论你的资格、竞争力以及针对你所在机构的初步申请程序。

也有许多小一些的奖助学金,其中有一些是针对你所在学院的。这些项目可能范围很窄,只针对特定种族、有特定宗教信仰、来自特定地理位置、有着特定职业兴趣等的学生。大三前的暑假可以搜寻研究生奖学金。与就业服务人员谈谈,看看有哪些奖项与你的兴趣相关,咨询你的教授、学长和类似Scholarship.com这类的数据库,扩大查找范围。

表6.1 研究生奖学金、助学金

奖学金/助学金	描述
丘吉尔奖学金	提供9到12个月的学杂费和生活津贴,供合格的毕业生在剑桥大学学习数学、物理科学、生物科学或工程学
德意志学术交流中心研究奖学金	为北美的大学毕业生进行研究或者在德国机构完成研究生学历,提供奖学金和助学金
盖茨剑桥奖学金	资助来自英国以外的学生攻读剑桥大学任何学科的全日制研究生学历
福特基金会奖学金	为在美国院校攻读哲学博士或理学博士的特殊群体的研究生提供3年的奖学金
富布赖奖学金	在125个国家各个领域的为期两个月到一年的教学和研究资助
吉列姆高级研究奖学金	在STEM领域攻读生命科学博士学位的2~3年级的弱势群体等研究生,最多可获得3年的助学金
赫兹奖学金	为攻读物理科学、生物科学和工程学博士学位的学生提供助学金和学费

续表

奖学金/助学金	描述
卢斯学者计划	为在亚洲生活工作一年的美国大学的合格毕业生提供助学金、语言课程费用和专业安置费用
米切尔奖学金	为在爱尔兰或者北爱尔兰的研究生提供一学年的学费、住宿费、助学金和旅费
国家科学基金会研究生研究奖学金	资助学生在美国大学攻读自然、社会和工程科学领域的研究型硕士或博士学位
罗兹奖学金	资助非英国的学生在牛津大学攻读研究生课程
惠特克国际项目	资助在美国或加拿大以外的地方进行研究、上课或实习的生物医学工程师

如何成为一个具有竞争力的本科生和研究生奖学金申请者

第五章我们简要提到了一些学生可以申请的奖项,比如戈德华特奖。这些主要奖项大多数都重视五个因素:

- 学术成就。
- 领导力/课外成就。
- 推荐信。
- 个人陈述。
- 未来潜力。

这部分内容是由权威奖学金和助学金获得者的建议组成,

但是其中的经验教训应该几乎适用于任何奖项、竞赛或者其他活动。

早点开始

提前计划，来满足你感兴趣的项目的所有要求。比如，要在罗兹奖学金申请中有竞争力，你不仅得擅长学术，而且得"喜爱并且擅长运动""有道德力量且有领导的直觉，对自己的同伴感兴趣"。证明你拥有这些性格特征需要耗费时间和精力。提前了解特定奖学金的要求会让你成为一个更有竞争力的候选人。

从小事着手

重大奖项得主能获得其他赫赫有名的荣誉并非不常见。你获得的奖越多，你在申请其他奖项时就越有竞争力。对于很多小的奖学金和助学金你在大学任何阶段都可以获得。"如果你能尽早参与其中，你只会推动你的事业向前发展。"胡安说。他获得了戈德华特奖学金、富布赖奖学金、吉列姆高级研究奖学金。当你获得了一个奖项，不管这个奖项有多小，它都向人们展示了你对这个领域的热情和投入，这会让你在争取下一个奖项时更有竞争力。罗兹奖学金或者富布赖奖学金不是一步就能够着的，这是一个进阶的过程。

证明这个奖项如何与你的目标相契合

让我们以选拔委员会的角度设身处地考虑。他们想要选出最有可能对世界做出积极改变，反过来也能对组织产生积极影响的候选人。如果该奖项旨在帮助学生攻读STEM博士学位，以在未来二三十年间对他们的学科产生影响，那么委员会可能不希望将奖项授予那些最终会跳槽的人，比如跳到金融领域公司。你必须用能证明契合你所申请奖项的方式来强调之前的成就。皮特是来自约翰霍普金斯大学的戈德华特奖学金和罗兹奖学金的获得者。他说:"申请奖学金或者助学金最重要的一部分就是,弄明白如何去谈你的激情。不管是在书面申请文章还是面试中,你需要拥有自己的见解,清楚、真实地叙述你的人生和目标。在这个过程中,与顾问和导师交流至关重要。与他人真诚地讨论你的激情可以帮你找到,到底应该如何清楚地表达你是怎样的一个人。"

根据凯文·霍沃斯的说法,赢得一项公认的奖项能给你的事业带来长期的好处。他说:"作为2010年戈德华特学者,我可以证明获得戈德华特奖学金在你的简历上起到了决定性作用,也可能将你同其他研究生院的申请者区别开来。虽然货币奖很受欢迎,但是被称为"戈德华特学者"的价值远远超过了黄金的重量。"

申请!申请!申请!

如果你不申请,根本不会得到奖学金。安排出时间寻找奖学金机会,填写申请表格。凯文是戈德华特学者和盖茨剑桥获得者。他说:"我很幸运,我的学术导师告诉了我这些奖学金机会,确实有很多的奖学金可申请。最终,能发生的最糟糕的事情就是申请委员会拒绝了你,最好的事情就是这个机会完全改变了你的人生。所以,抓住机会去申请。"

> **学生经验之谈**
>
> STEM专业学生怎样做好准备申请有竞争力的奖学金和助学金?
>
> 确保要找到合适的人写推荐信,因为推荐信是申请中最重

要的一部分。如果你足够幸运能找到有评审奖学金申请经验的人，他们的反馈不仅有助于你的申请，也能提高你的写作技能。只要有一位评审者不满意，就能把你从竞争中除名，所以申请时要尽可能的谨慎。最后，一定要记住评审者需要的是什么，比如国家科学基金会研究生研究奖学金重视更广泛的影响，赫兹奖学金重视核心研究。

马克斯（明尼苏达大学，戈德华特学者、丘吉尔学者）

结 束 语

读大学可能很困难，但是不要因为学校的事分心，而不为毕业后的生活做准备。相反，让它为你"工作"。大学是为未来职业做准备的绝佳时机。了解潜在的职业道路，与他人交往，准备申请奖学金都是由你决定的。未来你会感谢自己的积极主动。

第七章

STEM专业在现实世界中的应用

本章我们将讨论STEM专业背景可以使你拥有哪些不同的机会。毕业后，你接受的STEM学科教育将会为你打开多扇大门。也许，在大学期间，科学逐渐深深地吸引了你，直到让你最终觉得，除了与STEM学科相关的工作以外，你一辈子也不会选择从事其他工作了。也许，你会喜欢上一个完全不同的领域。不管是哪种情况，你从STEM课堂上学到的东西使你能够应付科学或者科学以外的很多领域。

科学研究生院

研究生院是授予高级学位的机构。如果你觉得进一步深造有利于未来的就业或者增强你对所热爱领域的了解,你可以考虑去攻读研究生。美国劳工统计局的数据显示,拥有研究生学历的学生与仅拥有本科学历的学生相比,前者的收入远高于后者,失业率也小于后者。科学研究生院与专业学院不同,后者旨在培训大学毕业生,使他们准备好从事医疗、法律或者商务等具体的职业。相较而言,研究生院更多的是进行通识教育,如物理学、社会学、文学等等。

研究生院主要提供两个等级的高级学位:硕士学位和博士学位。本章将着重介绍科学研究生院。如果你决定进入非科学领域的研究生院学习,本章中的很多信息也同样适用。为了寻找潜在的研究生教育项目,你可以:

- 向本校的教授以及研究生同学了解你感兴趣的科学领域的知名项目。
- 浏览近期发表的与你感兴趣的话题相关的文章,记录下主要的研究者及其学校或机构。
- 浏览你感兴趣的项目的学院和实验室网站。
- 网上搜索研究生项目指导,如www.gradschool.com。

申请研究生项目

不同于大学招生程序,研究生院不会走统一的申请流程,这意味着你需要时刻关注各个项目，以保证你能满足录取的要求。仔细阅读项目网站并且将他们的录取要求汇总在电子表格中，以便于密切关注你的申请动向。下面我们要讲讲研究生申请流程中最常见的要点。

推荐信：学术圈很小，相似领域的人一般都互相认识。你需要找到本领域的专家学者，他们需要非常了解你、曾对你进行过学术指导、在专业领域拥有良好的声誉，并且认识主持你所申请项目的老师，争取得到他们的强烈推荐。如果有人为你举荐并列举你的潜力，而你的举荐人又与该项目的人相识，那么你被录取的可能性会大大增加。

个人陈述/申请文书：这些文书能将你和其他人区分开来，你应该在文书中尝试回答下列问题：

> 你为什么对该领域感兴趣？
> 你拥有哪些相关的研究经历？
> 你想与谁一起工作，为什么？
> 你为什么对该项目感兴趣？
> 你的研究目标是什么？毕业后，你想用你的学位做些什么？

英国研究生入学考试(GRE)：GRE是大多数研究生院要求的一项标准化入学考试，与大学入学考试SAT和ACT类似。GRE考试大概需要4小时完成，以此评估学生的写作、高中数学水平以及文本理解能力。此外，还有7门GRE学科测试，每年举行3次，用来检测学生在特定领域的知识。某些研究生院可能会要求你参加一项与该学科相关的专项测试。你可以通过购买参考书、参加模拟考试或者报GRE课程班来备考GRE。有些学校可能会设置GRE录取分数线。越是顶尖的研究项目，GRE的分数要求越高，但是研究项目一般更注重的是你的知识、经验以及完成你感兴趣领域的动力。

大学成绩单：优秀的成绩是反映你可以在研究生院获得成功的一个方面。你在自己感兴趣学科方面取得的成绩尤其重要。你的专业不必与你要申请的专业一致，但有时候，研究生院要求的或者期望你所修专业的课程设置更加广泛。你需要早做安排，从而保证你在毕业的时候满足目标研究生项目的要求。大多数的博士项目平均绩点(GPA)要求为3.5以上。

申请流程在入学考试的前一年开始。如果你计划进入研究生院，你应该在前一年的夏季就准备参加GRE考试，秋季完成申请，冬季参加面试（如果你申请的项目要求面试的话）。伊丽莎白是达特茅斯学院的毕业生，也是一名福特莱特学者，她建议有意进入研究生院的学生应该尽早获得科研经历："如果你这样做，并且坚持一直跟随同一个科研导师或教授，你需要和他们建立好关系并试图了解他们。在实习阶段或者其他课外活动中，你需要努力获得你认为你毕业之后需要的经验。"

什么是硕士学位？

你可能会考虑攻读硕士学位。硕士学位标志着学生在某个领域掌握了比大学阶段更为高级的知识。关于硕士意味着课程作业更为高级，而且有的还需要完成硕士论文以及成熟的原创性研究。大多数硕士学位要求申请者在大学阶段的相关课程中取得不错的成绩、GRE分数足够高、获得推荐信并且有相关的科研经历。

硕士学位通常要读1~3年。在项目完成的时候,根据项目的性质,学生会被授予理学硕士(MS)学位或者文学硕士(MA)学位。

有一些职业选择,如建筑师,要求从业者经过几年的教育之后,显示出可以胜任的知识能力。对于其他一些职业,可能不需要研究生学位。你需要发现你未来的职业兴趣在哪里,你申请的硕士项目的毕业生毕业后都从事什么工作,以及在完成硕士学位后是否可以转入博士学位项目。

硕士很难申请经济资助和奖学金。你需要积极寻找奖学金并及时填写资助申请,但是请注意你可能最后还得自己支付项目费用。

什么是博士学位?

和"硕士"相比较而言,博士学位(PhD)象征着某学科的最高知识水平。拥有博士学位的人可以称呼自己为博士。如果你对本领域的研究具有极大的热情,可以考虑攻读博士学位。大多数的实验室或研究团队带头人以及大学的终身教授需要有博士学位。

博士项目一般要读4~8年,需要完成两年的课程任务,之后进行独立研究。在博士项目的初期,学生需要上课,在他们考虑加入的实验室之间穿梭,并且为考察专业深度知识的考试做准备。如果顺利完成最后一场考试(通常称之为资格考试),他们就可以开始论文写作,以原创性科研计划的形式展现他们所受教育的制高点。这些博士候选人将在导师的指导下开展论文写作。当计划完成的时候,计划成果将会展现给学院成员组成的委员会,他们将决定计划结果是否足够有质量从而能够授予博士候选人博士学位。

博士学位的实际情况

在决定申请博士学位之前需要对时间和金钱进行充分的衡量，不仅要考虑这些年里可能的失与得，还有考虑可能产生的学费和生活费。学术论文的事情可能一直拖着你，拖到你彻底放弃，花光了钱，或许直到你完成了它。从加入博士项目开始算起的十年时间里，仅有大约60%的学生可以成功拿到学位，30%的学生会中途退出，还有10%的学生仍在完成学术论文的路上。这些令人失望的数据提醒你，你只有真的准备好了，才可以考虑攻读博士学位。在申请博士学位之前，请考虑清楚，因为你可能将耗费数年在一个不能确定获得的学位上。很多想攻读博士学位的学生选择在大学毕业后及踏进研究生院之前，花一年或更多的时间进行全面的研究或者尝试一些其他的东西。这段时间可以让你考虑好是否真要攻读博士学位，也可以让你充实申请内容。你可以和目前正在攻读博士学位以及刚刚毕业的学生进行坦诚的交流，了解他们的经历以及对目前和未来就业前景和学术生活的看法。

一些博士项目会允许学生在加入项目几年之后通过完成某些学术要求来获得硕士学位。假如你决定不完成你的博士学位论文了，你还可以获得硕士学位，这样至少不是空着手离开学校。

决定攻读某个博士学位

你如何知道某个博士学位是适合你的呢？答案是去研究。对于你能否加入该博士项目以及了解自己是否真要开始，这点非常重要。如果你可以将你的研究成果出版，这很理想，当然也不是必需的。要完成学位论文，必须要全身心地、独立自主地投入研究中去。学术论文的不确定性和非结构性会为你提供与之前完全不同的教育体验。在大学里，你的问题都有明确的答案。真正的研究是没有保证的，你在决定将人生中很重要的一部分时间投入其中去之前应适应这种不确定性。科研要求你能够应对很多很多的失败，因为每一个科学实验都有一堆破裂的试管、死亡的实验鼠以及回收箱里的碎纸。录取你的学院要确保你能够应对科研工作，毕竟他们希望你的研究能够给他们带来亮眼的出版物，这些出版物能够使他们获得补贴，使导师获得终身职位以及名望。在研究生项目中，你会反复面临很多挑战和失败，正是因为这样，你需要有专业上以及经济上的支持使你能够完成项目。

寻找一位科研导师

作为博士生，你在论文写作期间需要导师指导，你需要非常明智地选择一位适合你的导师。即使你们的性格不同，但学术层面必须要相配。有时候一进入学校就可以明确导师，有时候是你进入项目几年后再选择导师。

即使你的博士项目为新生提供时间来选择导师，你也应该在申请的时候提前想好你想跟谁学习。而且，准博士生们在申请进入研究生院之前就需要清楚地知道自己想要研究什么项目。仅仅知道自己想学化学是不够的，你需要知道的是，比如，你想学习高分子聚合物热动力特征的计算方法。当你寻找导师的时候，你需要问自己：

- 该项目成员的研究课题是我感兴趣的吗？
- 这些老师都是什么样的人？

- 他们在该领域的名望如何？
- 他们之前的学生是怎么看待他们的？
- 他们之前带领的学生现在在哪里，这些学生花了多长时间获得学位？
- 他们的学生有没有在权威的学术期刊上发表过作品？
- 该导师有没有将学生作为工具而过度使用，或者他是否愿为学生花时间，以促进学生的专业发展？
- 这些学生是不是都毕业了并拥有一份好工作？

在申请学校之前，请联系可能会成为你导师的人，了解他们是否有名额招收你，并表达跟随他们学习的愿望。这些工作可以让你避免浪费大量的时间和金钱去申请无法实现你的兴趣点的学校。如果你有机会在学校参加面试，去拜访潜在的导师以及他们当前的研究生，准备好关于他们的研究以及你本人研究的一些好问题。此外，你每申请一个机构的时候，要保证该机构有几位你想跟随的导师。不要将鸡蛋放在一个篮子里，也就是说，不要因为你想跟随某一位老师学习就决定去那所学校。如果那位老师离开了学校，没有获得终身职位或者花光了资金，你就会陷入非常困难的境地。

博士项目的资金支持

很多STEM专业的博士项目都会提供学费资助以及生活费补贴。但是，博士项目的资助也有不确定性。在人文科学领域，博士在通常很难申请到资助。请在申请博士项目之前，查询基金数据库并申请助学金、奖学金、补助费以及其他类型的资助以准备好将来的教育费用。美国国家科学基金会（NSF）和国立卫生研究院（NIH）等机构是博士生基金的主要来源。如果你在申请博士项目之前就已经获得资助，你自然会更加受到学校的青睐，因为你可以自给自足，而不需要学校再资助你。在你开始博士学习之后，你还需要持续关注院系内外的各种资助机会。

大多数的博士项目会提供助教岗位，由博士生代教本科课程或者辅助教授的本科教学并因此获取报酬，以维持在校期间的生计。这可以让博士挣钱，但也可能会分散他们的精力，影响他们完成学位论文。大多数学生更愿意担任科研助理，也就是做研究获取报酬，而且通常这些实验是他们在博士阶段已经在做的。你需要查清楚你的学校可以给你提供哪些资助，这些资助是否贯穿博士学习的整个过程。

资金支持也是你应该用于评估未来导师的一个因素。你未来的导师用来支持实验室或者科研团队的资金来源是什么？这些资金会不会很快就会花完？用于某个项目的资金是不是已经启动了？导师是否能给你提供一些资助，或者能否至少继续维持其自己的研究？任何已有的资金支持都只能维持那么几年，如果你的博士项目持续时间更长，你可能最后还需要更多的资金。你是否能够依靠你获得的资金维持下去？

大约30%~40%的STEM学科博士生最后都会在研究生期间申请贷款。你可以问问项目里的学生有多少最后申请了贷款。许多学生在博士生期间过得很节俭。你要认真向学校和奖学金项目提出申请，在经济上顾好自己。如果你找不到合适的资金支持渠道，你应该考虑强化你的申请，等到申请阶段后期可再次申请资金支持。

不要因为这些警示而灰心丧气。对于很多学生来说，在研究生院深造绝对是一个正确的选择。但是，选择这条路的原因不应是你不知道大学毕业后该干什么。

你要弄清楚博士学位能为你的未来带来什么好处。对于某些职业，硕士学位可能是个更好的选择，因为博士项目耗时太长而又过于关注细节，且不说你在本应该工作的时候选择到学校读书而你失去挣钱的机会。

很多博士希望成为教授，但是仅靠博士学位不能保障任何东西。学术界对终身教授的职位竞争非常激烈。对于大多数博士来说，如果想要成为讲师，通常需要完成几年的博士后研究，发表作品，从而使自己更有竞争力。

博士学位意味着你在本领域具有专业性，为你的科学生涯铺平了道路。不管你未来想做什么，博士学位可以证明你对你的领域进行了深入研究并且接受过最高水平的教育。

医学和卫生事业：将STEM学科应用于病人护理

医学通过应用科学知识来改善健康水平。成为专业医护人员需要漫长而艰苦的努力，也需要很高的金钱成本，通常需要多年的学校教育和训练。这是为了让学生能够完全承担起关爱他人生命的责任。成为一名专业医护人员的好处包括工作稳定、工资可观并且可以享受利用科学直接帮助他人的乐趣。

很多大学生有兴趣成为医科大学预科生，即去医学院上学并成为一名医生。因此我们花了很大的篇幅讲述如何准备医学院以及怎样才能被录取。申请医学院需要制订计划并做大量的准备工作。有此兴趣的学生很多，竞争会很激烈，优胜劣汰也在所难免。鉴于此，对生命科学感兴趣的学生也应该意识到还有一些其他的医学职业可以选择。

简单介绍一下：美国有两类医生，Doctor of Medicine（MD）和 Doctor of Osteopathic Medicine（DO）。这两类医生都完全有资质行医，只是他们就读的医学院授予不同的学位。MD 和 DO 的相似点要远远多于不同点，但是你要认识到 MD 就读的医学院通常声望更高，而且录取难度要比 DO 项目更大。英语中"doctor"一词通常用来表示医生，一些医护人员也拥有他们工作领域的博士学位。比如说，药剂师是药学博士（PharmD），牙医是牙科医学博士（DDS 或 DMD）。

其他医护职业

很多其他的医护职业也都涉及照看病人，薪资丰厚，而且从业人员需要完成的教育跟医生差不多。相比于医学院，这些医护职业的从业人员被录取到他们各自的项目通常竞争要更小。这些职业的从业者包括牙医、足部医疗、药剂师、医师助理以及护士。

由于历史原因，治疗牙齿的医生和治疗足部的医生接受的训练不同于整治身体其他部位的医生。

药剂师负责向病人发放药物。这需要对化学和人体有深入的了解，并且知道不同的药物在身体中是如何发生反应以及互相影响的。

医师助理（PA）是训练有素的医学专家，他们所做的工作和医师没有多大区别，包括给病人做检查、测试和诊断。"医师助理"并不能准确地描述这个岗位。医师助理可能是在 MD 或

DO的指导下工作,但是他们也可以独立从业,这取决于各州的规定。

护士是专业医护群体中非常与众不同的一类。很多护士获得的是副学位(通常是两年大学课程的学位)或者护理专业学士学位。不过,对于大学毕业后想继续学业的人来说,护理也是一个选择。从业护士(NP)在护理的各个层面都有广泛的实践,而且必须完成硕士或者博士水平的训练并获得从业证书。

现在你应该很清楚地知道,救治病人可以有不同的路径。有兴趣成为牙医、医师助理、足部医师或者药剂师的学生应该注意到,这些职业也需要学生完成大部分医学院所要求的科学课程。从业者需要申请高级专业学位项目并接受多年的训练,还要通过国家标准化考试,并且要在密切地督导下进行岗位培训。

那些已进入医疗行业但却出于某种原因不想直接与病人接触的学生,可以考虑在公共卫生或者医疗管理部门工作。对这些领域感兴趣的人通常会攻读公共卫生硕士或者健康管理硕士学位。

进入医学院

医学院的MD学位和DO学位申请流程相似。两种学校都有各自的"通用申请"网站(分别为AMCAS和AACOMAS),所有的申请都通过该网站提交(注:德克萨斯州的一些医学院使用的是TMDSAS系统)。你可以借助学校的医学预科指导、大量的书籍(如《医学院秘闻》)以及美国医学院网站(AAMC),详细了解如何申请,并为进入医学院做好准备。美国医学院网站的"医生梦"(Aspiring Docs)博客也可以给你提供一些信息。我们强烈建议你尽早咨询本校的医学预科指导,与他建立友好的关系,从而了解该校学生在申请过程中会遇到哪些挑战。这里，我们要简单介绍这个过程中最重要的部分。

简单来说，学生在圆满地完成医学预科课程以及参加评估课程掌握程度的医学院入学考试(MCAT)之后，可以开始准备申请医学院。不同医学院对于预科课程的要求可能会有一些不同，但通常都会要求学习一年的生物、化学通识、有机化学、生物化学、物理学和数学，有时候还包括英语。除了这些学科，MCAT考试还测验学生对社会学和心理学的了解，因此深入学习这两个领域的课程对于考试准备也是有好处的。因为每个课程都要参加，尽早做出安排是非常重要的，尤其当你需要准时毕业，或者你来自非STEM专业，或者辅修了其他专业时。医学预科没有专业要求，也不会偏爱某些专业的学生，但是大约一半的医学院申请者都选择了生物专业。

如果有学生希望进入医学院但是无法参加大学的医学预科课程，或者想去考个更好的分数，可以考虑注册固定的或者不固定的学士后项目。不管你是刚刚大学毕业还是毕业多年，都可以注册这些项目，花一至两年的时间来学习申请医学院所要求的所有科学知识。固定的学士后项目指的是有一套固定的课程，而且主要针对没有参加医学院先修课程的学生。你也可以注册非固定学士后项目，即在当地的四年制大学参加非学位课程。这些项目的学费通常和大学学费一样高，但对于致力于成为医师的人来说还是划算的。

申请医学院要走以下3个步骤：

初次申请。
二次申请。
面试。

医学院的申请者需要在打算进入医学院的前一年提交申请。在初次申请中，申请人需要填写一份很长的表格来描述其课外活动，书写一份个人陈述来介绍自己以及解释自己为什么对医学感兴趣，提交成绩单和MCAT考试分数，请求教授或者导师写推荐信。你提交申请的时间越早越好，因为很多学校采取的是先来先审的方式。

完成初次申请之后，每个学校都会发出包含具体问题的二次申请书。有些学校会对每个学生都发出二次申请书，而有些学校只发给优秀的申请者。最后，表现最好的候选人将会被要求参加学校的面试。面试包括传统的自我介绍或者一系列多样化微型面试(MMI)。在一项多样化微型面试中，不同面试官抛出多个假设性的问题和情景，要求申请者快速思考并作答，以此检验其品德、同理心、批判性思维以及团队合作能力。多样化微型面试更加注重你传递思想的方式而非答案。

一些学校在两周后才公布录取结果，而有些学校则会选择在某一天向所有人同时公布结果。最后，即使学生有幸收到不止一所学校的录取邀请，他们也必须在下一个学期的四月底之前选择要就读的学校。

每位MD申请者平均会申请14所不同的学校。根据你申请学校的数量，你参加MCAT考试、初次和二次申请以及去参加面试的所有费用加起来通常会达到几千美元。尽管AMCAS会为处于某个收入标准的申请者提供资金援助，但大多数的申请者需要自己承担所有的申请费用。

很多优秀的学生申请同一所学校的情况也常见。从2011年到2013年，只有44.4%的申请者收到了录取通知。但是不同于博士项目，基本上美国医学院的所有学生都能成功拿到学位。

在挑选申请者这方面，医学院会考虑很多不同的因素。最重要的因素包括成绩(尤其是 STEM 学科的成绩)、MCAT 考试分数、推荐信、科研经历、领导力和影子经历(shadowing experience)、社区服务以及表现出的学习医学的动力。我们要稍微谈一谈这些因素。

成绩/MACT：好的成绩和 MCAT 考试分数很重要，但还不足以确保你进入医学院。2013 年，医学院录取学生的平均绩点为 3.69。请提前为 MCAT 考试做准备，购买 MCAT 参考书并且进行模拟测试。有些学生会报名参加 MCAT 考试预备课程——如果你在团队中学得更好或者结构式学习对你更有益，你可以考虑采取这种方式。这是一场马拉松式的考试，要给自己充分的时间准备。

临床经验：如果你从来都没有医学方面的经历，你如何知道自己想成为一名医师？答案是，不能。你可以花时间跟随专业医护人员学习，去医院里当志愿者，协助疗养院的工作，总的来说就是，让自己体会到你希望从事工作的生活。这可以让你的申请资料更加充实，会让你受益良多。请确保医学院对你来说是一个正确的选择。这只有你自己知道！

科研经历：医学院的录取委员会特别看重申请者的科研经历，无论是在科学的还是非科学的领域。如果你拥有一种或多种出版物，则更是锦上添花。

课外活动/志愿活动/领导力：你明白这是什么意思。在生活中做一些有趣的事。帮助他人，展现出你的关心和愿意付出时间的态度。这会让你在现实生活中和正在阅读你的简历的委员会成员眼中成为一个有趣的人。能让你进入医学院很重要的一点就是你要展现出自己正直、真诚、关爱他人的品质。

医学博士(MD)/哲学博士(PhD)：难上加难

有意进入医学院的学生如果想要成为研究者，可以考虑同时攻读MD和PhD。美国很多的医学院都会提供很有竞争力的MD和PhD双学位项目，学生通常要读7~8年，不需要学费，甚至会得到生活补贴。虽然学费全免这点很好，但是，它还不足以抵消因多花在学校的时间而损失掉的挣钱机会。所以，你不能完全出于金钱的考量而选择申请这些项目。参与MD和PhD双学位项目无疑可以给你的科研生涯奠定基础，但是，很多仅拥有医学博士的人也会走上科研的道路。

进入医学院之前的休假期

医学院学生的入学平均年龄为24岁。大学生在毕业一段时间之后才能让自己的简历达到医学院的录取要求，这也没什么不正常。于是越来越多的学生选择休间隔年(一年或几年)，他们可以利用这段时间增强简历的薄弱部分。

如果你在第一轮申请时没有获得任何邀请，就需要思考在什么地方出了问题，可以与医学预科指导老师交流原因，在某些情况下，也可以从拒绝你的学校获得关于申请的反馈。弄清楚如何最大化地提高录取的可能性后，你可能会希望开启下一轮的申请。

医学院内、外的生活

在医学院，你将会通过4年的强化学习掌握有关人体健康和疾病的基础知识。在前两年里，你的大多数时间都将花在教室以及实验室里，而后面的2~3年时间，你要在医院或诊所里工作，获得照护病人的亲身体验。

学生在完成医学院的学习之后，还需要花很长的时间接受医疗训练。所有学生要学习的东西基本上和在医学院里学到的差不多。在医学院的最后一年，他们会申请某项医学领域的训练项目，即他们最终将要从事的领域（如内科、神经外科、病理学等）。该阶段的医学教育被称为驻院医师，需要花3~7年的时间在具有完全资质的医师的指导下获得治病经验以及发展必需的技能。你只有在驻院阶段之后，才具有独立执医的资格。有些医学博士会选择完成额外的1~3年的指导训练项目，即进修项目，以专门研究医药和外科中更为细化的领域。

驻院项目不同，医师接受的训练和日常生活也不同。因此，如果你想选择医药方面的职业，你应该弄清你可能会喜欢的具体专业并且知道如何在医学院就读时为这些专业做准备。有些驻院项目会比其他的一些竞争更激烈。通常，驻院项目会根据成绩、标准化考试分数、科研经历、就读医学院的质量以及其他因素对医学院的申请者进行评估。

尽管大多数医师从事全职的医疗工作，对于完成医学院学习的人还有很多其他选择，如学术研究、生物技术或者卫生保健咨询方面的工作。

教育事业：塑造下一代

当你拿起这本书的时候，你即将或者已经进入了大学校园，这意味着老师的教育已让你受益。如果你想利用自己接受的科学教育来鼓舞下一代学生，你可以考虑成为一名老师。

你有1~2年的过渡时间，可以让你有机会从事教学工作而不需要另外的学位。这些项目包括"为美国而教（TFA）""城市年""世界教育""美国志工团""匹配教育""公民学校""训练志工团""波士顿教师驻校""纽约市教育团体""走进教育""芝加哥城市教育团体"等。这些项目通常用来为大学生提供机会，去服务教育基础设施相对薄弱的社区。比如，"为美国而教"项目的学校一般坐落在城市街区，而"匹配教育"项目通常在波士顿相对较新的学校实施。你第一次当老师时，可能会因为对教育的了解较少，而遇到很大的挑战。但是，你得到的回报可能是你可以走近来自底层社会的学生并且改善他们的生活。

如果你希望长期从事教育事业，你需要获得正式的资质。虽然各州许可要求稍有不同，但基本的许可渠道是一致的。对于新入职的老师，会有一个临时的资质要求(会持续几年)，即获得学士学位、上过教育学相关课程并且拥有某一学科的丰富知识。经过几年的实习之后，你可以追求并获得更为长久的教育许可。有些州(如加利福尼亚)会根据单科教学还是多科教学来划分不同的教学资格证。关于各州各自的相关规定，请查询Teach.org网站，了解你所在区域的具体要求。请注意，对于教7~12年级的老师和教幼儿园至6年级的老师，他们所需要的资质和训练是不一样的，前者需要的STEM专业水平更高。

法律职业

以前，法学院在科学或者技术专业学生中并不受欢迎。然而近些年，法学院开始积极地招收STEM专业的学生，因为国家技术和生物医学的繁荣导致法律工作者需要具备更为复杂的知识。拥有STEM专业背景的申请者被法学院录取的概率最高。

对知识产权保护感兴趣的STEM专业学生尤其受欢迎。比如，旨在保护研究人员与发明者的发明获益权的专利法领域尤其青睐STEM专业的学生。专利法的律师经常需要解释和比较极其复杂的设计图表，以确定该技术是否被非法复制，而这项任务由STEM专业的学生来做最适合不过了。而且，对于既能从技术细节层面理解市场产品和服务又能预测在其研发、分配和使用过程中可能引起的法律风险的STEM领域律师来说，技术和生物医学行业的爆炸性增长——尤其是在加利福尼亚的硅谷地区——为他们带来了前所未有的机遇。

研究生院申请者必需参加GRE考试，医学院申请者需要参加MCAT考试，而法学院申请者则必须参加LSAT考试，即法学院入学考试。LSAT考试考察申请者的阅读理解、分析推理能力，还有通过大约100个多项选择问题来检验申请者的逻辑推理能力，最后还有不计分的文章写作部分。LSAT分数的分布范围为120~180分，其中172分以上的占1%。不像GRE和MCAT，LSAT每年只有4次考试机会。尽管可以参加多次，大多数法学院在审核你的申请时会考虑你过去5年所得分数的平均值。

通用申请系统或联盟申请系统被用于本科生录取流程，而法学院的申请是由法学院入学委员会（LSAC）统一组织的。申请法学院时，你需要向法学院入学委员会提交个人陈述、简历以及推荐信(通常3份)，再由委员会将这些材料转交给你选择的法学院。有些法学院，尤其是那些淘汰率高的学校，会要求你提交额外的材料。

很少有法学院会要求申请者参加面试。一个值得注意的例外是，哈佛法学院会提供少量的面试机会来挑选申请者。大多数法学院的录取工作在秋季开始，次年4月结束，采取的是先到先得的方式。请尽早申请，越早越好，因为到了春天剩下的名额就不多了。

近期的经济衰退使法律行业遭到重创。很多的法律大客户不得不削减法务开支，促使一些最著名的律师事务所也开始大规模裁员。年轻律师的经济压力也变得大起来，由此导致全国法学院的入学率大幅度下降。如果你正在考虑申请法学院，请确保你已经客观且冷静地评估了律师的未来前景。虽然顶尖法学院的毕业生仍然相对容易进入著名的"大律所"并且收入不菲，但很多从中等水平大学毕业的学生很难找到法律工作。不要为了上法学院而负担大量的债务，除非毕业生的市场前景很广阔。

进入法学院后，如果你想要在某个州成为一名独立执业的律师，那么你就必须在该州参加律师资格考试。还需要注意的是，专利法有单独的律师资格考试。

> **学生经验之谈**
>
> 如果计划申请法学院，STEM专业的学生需要考虑哪些事情？
>
> 在申请中强调你的科研兴趣。因为很少有STEM专业的学生申请法学院，如果候选人对STEM学科和法学交叉研究表现出兴趣的话，学校看到这点时会非常激动。通过充分展现这些兴趣，候选人可能会吸引录取委员会中志趣相投的教授的关注。
>
> 拉查（斯坦福法学院）

就业

与科学相关的工作

作为STEM专业毕业生，你有大量与科学相关的工作在等着你。对于理学学士或者文学学士来说，科学方面的工作主要集中在三大阵营：学术机构、政府研究机构以及商业公司（被统称为"产业"）。接下来，我们将简要讨论这些工作类型。如果你发现自己对于某个领域特别感兴趣，我们建议你和专业导师聊一聊，或者在网上搜集信息。鉴于每个领域都有大量的岗位，我们很难用简短的篇幅为你提供特别具体的信息。

对于刚刚毕业的大学生来说，学术机构提供的工作岗位一般都局限为科研助理或者实验室技术员。这种助理性质的工作能提供的工资通常很低，因为其工资一般是从项目负责人的经费中直接划拨。通常，大学毕业生申请助理岗位是为了在同行评审出版物中获得署名机会，从而为自己的简历添彩。额外的科研经历可以让他们在申请博士项目或者医学院时更有竞争力。科研助理无法作为长久的职业选择。如果没办法获得高级学位，科研助理很难拥有晋升的机会。

相较于科研工作，政府研究机构提供的薪资水平更高，福利也更好。但是同样地，对于只有本科学位的人来说，也不能将其作为长久之计。和学术界一样，你一般需要拿到PhD才能获得资金支持并带领团队；在政府研究机构，假如你没有研究生学位，你的发展就会受到极大的限制。与学术研究助理类似，政府部门的研究工作对于大学毕业生来说也是在继续深造前的一个过渡性的工作经历。

第三个选择就是"产业",它能提供长期的工作机会。"产业"范围很广泛,涉及大量的岗位。一般来说,它表示任何生产或研发领域需要科学知识的行业或者私人公司。在这个意义上,你在凯洛格(研发新谷物产品)或默克集团(研制新药物)的研发工作都属于"产业"内的工作。因此,你在"产业"里可以拥有广泛多样的工作经验,而且这些工作经验不是一两句话就能简单界定的。但是,许多要点即使在"产业"里也是始终不变的。其中最重要的就是,即使没有高级学位,你也拥有在"产业"里推进事业发展的机会。原因有二:其一,行业里的研究更加自动化、更加容易实施;其二,博士学位不再像过去那样是实施某项试验的必要条件。比如,很多基因分析技术曾经只能由获得博士学位的专家实施,而现在大学生可以通过操作自动化机器做分析。因此,近年来,拥有理学学士和文学学士学位的人员也有机会领导研究项目。实际上,公司出于这个目的正在改变它们的商业模式,招聘理学和文学学位的毕业生,并促进他们的发展。

梅利莎·哈珀是跨国农用化学品公司孟山都的全球人才招聘副总裁。她告诉sciencecareers.com说:"理学学士、文学学士和理学硕士对于我们的业务,乃至对于我们的行业都是极其关键的。他们满足了一些博士都没有的要求。"此外,理学学士和文学学士可以承担管理和业务职责从而获得晋升的机会。现在,理学学士和文学学士可以领导研究团队,所以业务运营也成为通往职位晋升的可行之路——有朝一日,你领导的可能就是整个公司!实际上,很多公司会宣传他们的初级岗位所提供的职业发展机会。

"产业"为毕业生提供了各式各样的工作选择。专业不同和研究经历的差异，拥有的工作机会也会大不相同。生物技术、能源、工程以及技术部门在STEM行业中提供的工作机会最多。例如，你可能对制药巨头瑞辉制药和默克制药有所耳闻，这些公司通常会招聘化学和生物专业的学生。

能源是科学行业里一个大的领域，这一类的公司有壳牌石油和埃克森美孚等。这些公司除了招聘化学和生物专业的学生外，还招聘工程、地质和物理专业的学生。例如，埃克森美孚公司在招聘"开发与生产方向的地质专家与地球物理专家"时要求应聘者拥有地质学或者地球物理学的理学学位（BS），该职位的职责包括评估新井的开采潜力，协助维护原有的生产地和协助新生产地的开发。埃克森美孚公司招聘油藏工程师则要求应聘者拥有工程学专业方面(化学、机械或石油工程)的学士学位，其职责是研究油气井数据和制作经济分析报告以用来分析和优化油井或气井的表现。

"产业"的其他领域包括工程公司，如普拉特·惠特尼集团和洛克希德·马丁公司，以及生物技术公司，如安进公司和吉利德科学公司。和能源和制药公司一样，这些公司要求你在申请中列出你日常工作中的科研背景。但是，这些公司的工作种类千差万别，取决于公司的种类以及具体的工作描述。最受欢迎的STEM工作是技术领域的工作。根据2015年《美国新闻与世界报道》评选出的25个最佳STEM工作机会名单，排名前5位的工作中有4个是计算机相关领域的——软件开发员、电脑系统分析师、信息安全分析师以及网页开发员。尽管这些排名的价值和意义还存在争议，但是靠前的排位在一定程度上代表着高薪资、低失业率以及日益增长的需求。鉴于技术是不断发展的，该领域的很多工作以及对工作的要求也相应地在发生着快速的变化。

当你开始考虑毕业后从事什么样的工作时,你可以和本专业的老师进行交流。与他们沟通会帮助你准确了解你感兴趣的领域或者你的专业能让你胜任目前职场中的什么工作。他们也许知道哪些公司曾在你们学校招聘过,并且很可能为你们提供具体的求职指导。他们甚至可能认识公司的一些主管人员,并且为你而给他们打电话。职场总是不断变化,难以确定哪类公司将在哪个特定时间招聘新员工。但是,重要的是要尽早弄清楚你的专业一般会使你胜任一些工作领域。

非科学领域的工作

很多STEM专业的毕业生会选择与科学无关的工作。实际上,在申请非科学岗位时,如果你有胜任该岗位的相关技能的话,你的科学严谨性会让你获得额外加分,雇用者会认可你在完成STEM专业学位时所付出的辛苦努力。

有很多领域希望招收STEM专业的学生。考虑到职场的范围太广而本书篇幅有限,我们将着重讨论广受STEM专业学生欢迎的两类职业:咨询和投行。

企业管理咨询公司的业务是通过分析其他公司的业务实践并且提供改良计划,从而帮助这些公司提升其经营表现。作为一名咨询师,你的工作在本质上就是要你成为一名"逻辑思考者"。你需要理性地思考商业问题。将一个石油公司的业务扩展到阿拉斯加的边疆小镇,最好的方式是什么?一个新的国家橄榄球队的体育馆应该容纳多少个座位?新药物的定价应该是多少?对于STEM专业的学生来说,咨询师会是一个令人兴奋的工作,因为它富有想象力且充满挑战。

管理咨询以问题为导向，因此被认为是开启职业生涯最合适的领域之一，即使你未来希望从事的工作与之完全不同。管理咨询可以让你形成强烈的商业意识，更重要的是，还能提高你的商业思考能力和解决商业问题的能力。咨询公司分析师职位的第一份工作合同大约为期两年。两年之后，很多分析师会选择留下来或成为合伙人。还有一些会选择去商学院镀金，然后再回到咨询或者金融行业。另外一些人会选择创业或者去追求其他兴趣爱好。

投行也是一个高能领域并且是一个不错的职业领域，但竞争可能会很激烈。投行在本质上是为公司和其他金融实体发行证券或者可买卖的金融资产，并且管理这些证券从而为客户增加资本。

投行人员的工资很高。除高薪之外，投行的初级分析师职位可以为你进入金融行业奠定坚实的基础。分析师的工作合同期限一般为两年，两年之后，很多人会选择离开公司而进入商学院或者其他金融领域，如对冲基金。一小部分分析师会继续留在公司，然后提升为责任更大但工资也更高的合伙人。

虽然投行声誉好、工资高，但也因其工作的高强度而"臭名昭著"。对于分析师来说，在两年合同到期之前他们就已经耗尽精力并开始谋求其他工作，这是完全正常的。他们即使挣了很多钱，也往往没有时间花，大多数分析师都赞同这点。

创业精神：将创业点子市场化

你的事业发展并不只是局限在获得更高的学位或者毕业后加入现有的企业。要知道，马克·扎克伯格和比尔·盖茨在创立脸书(Facebook)和微软(Microsoft)的时候，大学还没有毕业。很多其他耳熟能详的公司如《时代》(Time)杂志、戴尔(Dell)、红迪网和联邦快递(FedEx)，它们的创始人在创立它们时都还没有拿到学士学位。

创业可以有很多形式。全国各地的优秀大学生都已经开始创业，其创业领域从游戏应用程序到符合人体工程学的托盘。创业的核心就是开创业务、聚集资源和风险与回报兼具的一个过程。作为STEM专业的学生，你已经具备了一些应对市场需求的硬技术。

为什么你应该在大学阶段创业

大学是你人生中最自由的时光之一

虽然大学教育需要花费时间和精力，但是相比于朝九晚五的上班族，你可以更灵活地安排时间。如果把寒假和暑假算进来，你会有大量的自由时间，且承担的责任也最少。因为没有贷款，没有需要抚养的人，你可以省吃俭用，将你的自由时间用来进行创业。

德里安是南丁格尔(Nightingale)的联合创始人、蒂尔奖学金获得者，以及创业孵化器Y Combinator和StartX的成员。他鼓励对创业感兴趣的STEM专业的学生现在就开始行动起来："在学校里要尝试各种各样的事物，即使是业余项目。弄清哪些想法对你有吸引力，并开始思考如何运用你的技术和学到的东西开始一段影响世界的创业。学校是个很棒的地方，但是如果你不能利用它改变世界，那么它又有什么意义呢？"

你可以接触大量的专业人士和资源

在大学阶段创业意味着你可以从老师那里获取知识，可以参加研讨组并且拥有可以成为你潜在支持者的校友网络。视你所在的机构而定，你还可以参加商务和技术课程，加入拥有正向同伴压力环境的创业组织。此外，通过创建STEM课程相关的企业，你可以将你在课堂里学到的东西运用到实践中去，在这个过程中发展商业技能，让你在毕业多年后也能获益无穷。

你可以失败

为什么要现在就开始呢？一个强有力的理由就是，如果你的创业项目早期就发生夭折，你不会有多少损失。并不是说我们要轻视导致失败的困难、压力和经济负担，而是要强调，相较于你在生活安定后遭遇失败，你早一点遭遇失败并汲取经验，更容易接受。而且，如果你学业方面也能跟得上的话，你的学士学位会为你锦上添花。

事先声明：为什么你不应该在大学阶段创业

一旦开始创业，你就会分割自己的时间，承担起两个不小的责任。然而，你却需要和那些将所有时间和精力投入一件事情的人一起竞争。在你努力地去平衡你的学业和课外活动的时候，你会发现你忽略了大学提供的其他机会。而且，对于十分看重绩点的工作机会和专业项目，比如顶尖的金融公司、医学院和法学院，你可能会失去进入的机会。唯一的解决办法就是推迟你的创业项目计划。

但是，如果你已经迫不及待了，你也许可以和学校管理层商量减轻你的学业安排，或者选择休学一段时间。下面我们将讲述3个年轻创业者如何通过各自的方式追求他们的创业热情。

> **案例研究1**
> **艾莉森，螺旋-E解决方案有限责任公司**
>
> 对于艾莉森来说，上课是她的首要任务，或者至少可以说，在创立自己的公司之前是她的首要任务。
>
> 大二的时候，艾莉森参加了工程学入门课程。在该课程中，她可以加入一个小组，然后确定一个问题，并通过设计一个系统或装置来解决这个问题。在经过头脑风暴之后，学生们开始起草一份商业计划，想象他们真的要把自己的产品引进市场。最后，学生们会设计一个样本模型进行测试，并将其呈现给专家委员会。
>
> 老师宣布说，这个学期的主题是生物工程。
>
> 在经过一个星期的头脑风暴后，艾莉森的队友表现得很沮丧地说："他们说，'我们无法找到一个项目，要不我们全盘重来吧。'这听起来很无趣。我不想把我9个星期的时间花在那件事上。"
>
> 艾莉森跳上开往最近的一家医院的公交车。她走近穿着白大褂的人群，咨询他们领域里最亟待解决的问题是什么。很快，她发现自己坐到了肠胃病科主任的旁边。
>
> 这位医生说，他在工作中遇到的最大的问题就是，在做内窥镜手术时如何使胃部保持稳定，从而防止因胃部运动导致的意外肠穿孔。为了解决这个问题，生物技术公司已经投入了几百万美元的资金。他指出，对于才接触工程学入门的群体来说，解决这个问题可能不太现实。

艾莉森没有因此被吓到。她把胃部稳定的想法告诉她的小组成员并获得了他们的同意。但是她的老师却不以为然，给艾莉森和她小组的提案打了一个"D^+"。

艾莉森说："我们的分数很危险，但我告诉我的小组说，这没什么大不了，我们可以解决这个问题。别管这个分数，我们要让班上的同学看看，这门课我们会拿到A。"

该小组发现，在心脏和白内障手术中使用的真空吸引器可以使胃部组织保持稳定。他们用管形材料和车间吸尘器做成模型，并将模型送到本校的附属医院，在那里，他们成功且稳定地举起了一个巨大的胃。后续测验证明，吸引器不会造成细胞死亡。一季度结束之后，艾莉森和她的小组成员就该问题进行了演讲并提供了支持证据，最后课程拿到了"A"，并且赢得了班级最可专利化和市场化的小发明奖。

在这次成功经历的鼓舞下，艾莉森与时任学校创业网络负责人的格雷格见了个面。他传授给艾莉森创业的基本知识，并且建议她的团队签订一个实施合同以避免出现任何公平性问题。他还建议准备必要的文件申请建立一个有限责任公司，进行纳税申报，并且申请临时专利。临时专利为申请真正的专利提供了一年的准备时间，因此艾莉森和她的团队（现在称为螺旋-E解决方案有限责任公司）有时间为共约10000美元的专利费和法定代理费筹集资金。

艾莉森再次找到格雷格。格雷格给了她一系列合同，让她为自己的产品寻找投资方。但是，半年过去了，事情并没有按照艾莉森希望的那样进展。

艾莉森说："投资方要么认为这个想法很糟糕，要么就指出我没有经验——对于这一点我是承认的。那时候，我对金融或商务没有任何了解。我也没有团队或者董事会。这个公司只是一个女人的个人秀而已，没人把我当回事，直到斯科特的到来。"

斯科特是格雷格的朋友，他创立了医学器材公司并以售卖这些器材为生。艾莉森和斯科特早上6点在当地的一家餐馆见了对方。

艾莉森说："在早饭时间谈论胃部稳定，这不是一件愉快的事，但是他完全理解，因此我们开始谈论工程学以及我未来的计划。我告诉他，我想成为一名企业家，他回答说，'非常棒，我可以为你提供指导。'"在那一刻，她感觉到这是有史以来最大的馈赠。于是，她开始向斯科特发送她的商业计划书草案，供其审阅修改。

艾莉森随后听闻她所在大学的商学院将要举办商业计划竞赛。最终她赢得了本科生组的第二名并且获得了5000美元的奖金。这让她有机会参加后期商学院的竞赛，在300多人面前做展示。

艾莉森说："当时我整个人汗如雨下。其他人都是团队参赛，而我，仅仅是一个女人的个人秀。在我面前看我做展示的都是商业领域的大亨。最后，我完成了我的展示，感觉非常棒。"

艾莉森最终获得了第一名并且赢得了2.5万美元的大奖。这笔钱用来申请专利以及说服斯科特正式作为商业伙伴都绰绰有余。

艾莉森的事迹被专栏刊登在《波士顿环球报》上，投资者最终开始注意到这家公司。随着新股东的加入，团队能够研发出更为优良的模型。在采访的时候，艾莉森已经开始为公司建立网站、雇佣会计以及打造法务团队。

艾莉森的这个项目被列为"A系列"融资，也就是在产品被美国食品和药品管理局检测前进行的第一轮融资。

艾莉森说："赢得3万美元很不错，但对于食品和药品管理局来说，我们看中的不仅仅是金钱层面。"

在为公司寻找投资人时，艾莉森也同时启动了其他项目。

艾莉森承认，在创立公司之后，上课对于她来说就没那么重要了，因为她认为课程只是用来发展公司的工具。在和学校的管理层沟通后，她获得了系主任的特许，降低了课业负担。

艾莉森说："我延期毕业了，但是我不后悔。我别无选择。工程学是大学里唯一对我有用的专业。我可以拥抱它，从而实现我自己的人生定位。当我真正开始做的时候，我才认识到这一点。能够得心应手地运用它，我感觉很棒。"

案例研究2
克里斯托弗，蒂尔奖学金获得者

尽管学校可以为本科创业者赋予自由的时间以及大量的资源，但有些学生会觉得学校的限制太多而且浪费时间，因此决定辍学，在其他地方聚集资源。

大约刚入学一个月的时候，克里斯托弗就知道他不会在学校里待得太久。

克里斯托弗说："我发现学校的课程太有限，不能满足我想要的。我想要做很精致的艺术品，这对于艺术系的学生来说数学水平要求太高，对于数学系的来说又太过于艺术。"

他把这个想法告诉了他的父母，他的父母同意他休学一年，在这一年中，他们将为他提供资金支持，但是条件是，他必须要完成第一年的学业。他放弃了所有课程，但仍然待在学校里，这样他就可以一直使用学校的木工车间和金工车间，制作他的艺术作品集。在完成第一年的学业之中，他遇见了几个人，这几个人正在寻找有丰富设计经验的可以担任他们公司Puddleworks的研发负责人。克里斯托弗说："我毫不犹豫地就答应了，因为你不是每天都会遇到这样一些人，他们所需求的恰恰和你的兴趣和技能相一致。作为Puddleworks的创始人之一，我持有了一定的股份，我的利益和我们所建设的东西真正变得休戚相关。而且，我设计了我们的第一款产品。"

克里斯托弗开始设计了一款基于物理学知识的益智类游戏，风格和M.C.Escher类似，将其命名为"思想的体系"。因为这款游戏运用地心引力在一个复杂的空间环境中导航，而这一环境融合了一些复杂的数学概念（如空间悖论、非欧空间、递归和奇异的循环）。克里斯托弗说："这个项目扩展得越来越大，比我之前计划的要大得多。我最后在游戏中加入了一些个人的艺术风格。"

同时，克里斯托弗很快开始考虑申请蒂尔奖学金。蒂尔奖学金是由脸书（Facebook）的天使投资人以及贝宝（Paypal）创始人彼得·蒂尔设立的创业奖项。该奖学金为20岁以下未读大学而专注于工作、研究和自我教育的申请者在2年内无条件提供10万美元的资助，并且有机会使用蒂尔庞大的专业资源。到4月份，申请池中淘汰得只剩下40名申请者，其中20名将被选为年度蒂尔奖学金获得者。

克里斯托弗说："我觉得我获奖的机会极其渺茫，但是当我通过一轮又一轮的考核，我觉得这真的可能成为现实。4月份的时候，我很确认我非常有可能获得该奖项。而且我真的做到了。"成为蒂尔奖学金获得者之后，克里斯托弗终于可以做他想做的事情而不用为资金发愁。

两年的资金支持让他能够做他想做的。于是他开始设计一款新的产品，将音乐的谐波关系可视化。这是因为他对同构键盘很感兴趣。同构键盘是一种音乐输入工具，它由二维网络结构的按键组成，而非钢琴的线型排列。这种排列方式使得相同音程的模进能够保持同样的形状。

克里斯托弗说："我在小时候，尝试过几次学习弹吉他和钢琴，但是每次都失败了，感觉没有任何套路可循。音乐是一个很大的系统，它建立在所有的音乐理论和肌肉记忆之上。如果你在同一架钢琴上弹不同的音阶，音调也会随之改变，也就是说，每一个音调都对应着钢琴上12个不同形状中的一个。在一台同构键盘上，不同的音阶会是同一形状，弹起来就很简单，而且你可以感受到几何的存在，因为你弹的是二维的而不是一维的。"

克里斯托弗开始将任何音乐的谐波关系可视化，并将其与同构键盘的布局和节奏结合起来，从而发明出可以教人学乐器的应用程序。

而且当作为蒂尔奖学金获得者的克里斯托弗想到完成这些项目将要占用他两年时间，他更加确定不回学校了。

"学校教你的东西都是简化过的。你可以获得任何课程材料，接近任何可以教你的智慧人士。当然，你也可以在校外获取这些，如果有人能支持你、指导你，那就更好了。"克里斯托弗说。

克里斯托弗说："但在某种程度上说，我之前来上大学，也算是搬起石头砸自己的脚，因为大学的课程过于严谨和传统。一切都很偶然。就我现在看来，我还是会选择同样的路，但是回过头看，我确实抓住了机会并且获得了成功。"

案例研究3
马修，刷新创意公司

对于创业，马修一点也不陌生。早在12岁时，他就与人合作创立了第一家公司，是一家摄影摄像工作室。高中时期，他扩大了业务规模并改革了经营模式，使他的公司成为当地第一家可以为客户通过电子邮件发送电子版照片的工作室。大学时期，马修双修了电子与计算机工程和经济学专业，具有计算机辅助机械设计的专业背景。

大三的时候，他在大学创业者俱乐部遇到了他的终极商业合伙人——他的学长科林和从剑桥大学数学专业毕业的阿尼什。虽然马修、科林和阿尼什之前都有过创业的经历，但他们没有生产过实体产品。最后，他们决定采取科林在斯坦福商学院时期的一个原创想法——可以装进钱包里面的隐形眼镜盒，他们把它命名为"隐形眼镜刷新卡"。确定他们的产品之后，阿尼什、科林和马修便开始进行市场调研——采访潜在客户，拟订商业计划，研制隐形眼镜盒的工作模型。

马修说："我们试着制造出一款可行的产品。与我们课堂上设计原始模型迥然不同，我们要制造的是真实世界的产品。我们必须考虑使用者的安全以及各种监管规定。"

马修将他这次的创业准备部分归功于他的经济学和工程学背景。他说："在修经济学专业时，我获得了一定程度的财务知识，这有助于我们发展业务并规避风险；而在修工程学专业时，我基本掌握了解决问题的思路。"

刷新创意公司通过科学的方法一步步实现他们的产品。他们首先提出一个假设，然后通过"实验"来验证和推翻它。

马修说："基本上，我们假设人们并不满意于隐形眼镜的日常使用方式。你要怎样着手解决这个问题？一种方式就是做问卷调查，这是发现某个创意的市场潜力的好方法。"

马修说："我们发现，86%的隐形眼镜使用者会遇到想取出隐形眼镜却无法立即找到盒子用于存放隐形眼镜的情况。对于我们的商业计划和潜在投资者来而言，这个数字很有价值，你想想，有3800万的人使用隐形眼镜，这就意味着我们拥有

3260万的潜在客户。"

他们自己掏钱成立了刷新创意公司之后,这个团队又带着他们的创意参加了每年举办的杜克创业挑战赛。在项目初期,裁判给出了非常有用的反馈,马修听了之后,改善了他们的商业计划,继而打败了100多份提案而赢得胜利,最后获得了50000美元的巨额奖金。

为了激励大学生创业者,马修对大家说:"不要害怕失败,不要害怕去问基础性的——有时是极端的——问题。还有,即使你失败了,情况也不会比以前更糟糕。"

关于大学生创业者创立和运营创业公司的建议

制订商业计划

商业计划是一份绘制了你的创业公司未来发展轨迹的文本。虽然它不用显得很正式,但请注意要列出以下几点基本要素:

- 宗旨陈述:你想实现什么?
- 商品或服务描述:你的公司将提供什么产品或者服务?
- 市场分析:你的竞争对手是谁?你怎样融入该市场?你的不同之处在哪?谁是你的目标客户群?怎样扩大未来市场?
- 市场营销:如何给你的产品或服务做广告?

- 开支预算/资金需求：启动和发展业务需要多少资金？你怎样确保获得这些资金？
- 目标和预计成果：为了维持和发展业务，你需要实现什么样的阶段目标？

优化时间

艾莉森是我们在创业研究案例中提到的第一位学生，据她所言，她遇到的最大难题就是如何兼顾学业与事业。

艾莉森说："有的时候当我在上课或者参加期中或期末考试时，会接到投资者给我打的电话。两头兼顾是一件很难的事，但不管我是否在运营公司，都会出现这样的情况。"她只能在周五和朋友短暂地聚一下，因为她还要为星期六的远程电话会议准备材料。有些时候，她会忙到废寝忘食。

"创业阶段的节奏非常快，你可能一直都在工作，而且没人让你停下来。过去5年，我学到的最好一课就是人一天只有24小时，假如你没有安排好这些时间的话，其他事情就会侵占掉这些时间。"艾莉森说。

对于艾莉森来说，晚餐是她的"躲避时间"。她不会检查邮件或者看手机，而是看《恶搞之家》放松自己。"就算是回复公司的邮件也很花费时间，所以你必须为自己挪出空间，否则你会一直都在工作。"艾莉森说。

了解大学的规定

大学虽然可以提供大量的资源让学生创业者发展业务，但是，至少马修会很谨慎，不去随意触碰大学所提供的资源。"你需要与大学的技术转让办公室沟通，了解大学在知识产权或者专利政策方面的规定。如果你不想让学校介入，自己保留对财产的所有权，你就得熟悉学校的那些什么可为和不可为的规定。举个例子，假如你研制的新产品参考了你的教授给的建议，那很可能无法把教授的建议放到你的专利当中而又不让学校介入。"

学校还可能对校园创业或寝室创业有额外的限制。请事先了解什么事情是被允许在校园进行的，这样才不会事后被弄得措手不及。

筹 集 资 金

筹集资金是创业过程中最难的部分之一。你可以请求人们投资支持你的创业项目，但是在这之前，你可能需要一些启动资金促使你的创业项目更能够吸引投资者，或者选择贷款。

一个可以让大学生筹集资金的机会就是参加商业计划比赛。例如，刷新创意公司赢得了杜克创业大赛，马修和他的合伙人因此共获得了50000美元。同样的，螺旋-E解决方案有限责任公司将达特茅斯本科和商学院比赛的奖金揽入囊中。即便你没有赢得任何比赛的奖金，商业计划比赛也是一个很好的机会，你可以从裁判那里得到反馈，这些裁判大多是经验丰富的创业者和投资者。

你还能从企业孵化器组织得到资金支持，这些组织专门通过提供法律支持、办公空间、资金和专业支持以及指导服务来帮助早期创业公司快速成长和成功。孵化器的商业模式各不相同，有些孵化器组织为创业者提供服务以换取盈利企业的股权——公司发行的股票，还有一些孵化器组织直接收取费用。推进器是孵化器的子概念，它更加关注成熟公司的业务增长，通常帮助创业者优化调整他们的商业运营细节和战略布局方面的细节。

最后，根据你的项目是否对大众具有吸引力，你或许可以跳过传统的资金募集方式，而选择诸如Indiegogo或者Kickstarter这样的众筹平台筹集资金。

商业生涯：获得MBA学位

工商管理硕士（MBA）学位对于想走很多不同职业道路的个人而言是很有用的。大多数MBA项目只需两年时间，除了类似于医疗卫生专业的MD/MBA研究生双学位或者更为灵活的非全时/在线项目外。

不同于法学院和医学院，正式开始商学院的研究生学习之前，需要先获得几年的真实工作经验而不是本科毕业后立马开始研究生学习，这种情况是很常见的。举个例子，哈佛商学院2016届937名学生的平均入学年龄为27岁。所以，如果你刚开始本科学习不久，商学院看起来还是很遥远的，但是，将这个内心的潜在轨迹早早地纳入你的学业计划之中还是大有裨益的。

你可能要思考的第一个大问题就是："为什么我要搁置事业，重回学校？"当你完成本科教育，并且已经开始你的职业生涯之后，再多花几年时间在教室里可能听起来不那么具有吸引力，但是MBA学历有以下几点实实在在的好处：

- 收入增加，工作机会增多。
- 学费可能会由你的雇主支付。
- 培养了开创个人事业的能力和技巧。

- 获得专业的领导能力。
- 提供了建立人际关系和导师关系的机会。

像大多数研究生项目一样，商学院的入学竞争也很激烈。许多申请者拥有真实的工作经历和显著的专业成绩。

申请入读商学院的学生必须顺利完成四年制的本科教育并且参加标准化考试。对于MBA项目，学生被要求参加管理类研究生入学考试（GMAT）或者美国研究生入学考试（GRE）。GMAT是更加量化、更加侧重问题解决能力的考试，而GRE的考试内容和出题风格更像SAT。

由于MBA项目的多样性和申请MBA学位人群的多层次性，MBA项目会存在很多不同的毕业进度，从而更好地满足申请者不同阶段的专业安排。有以下不同进度的项目：

速成项目：对于那些已经具备丰富的商业知识或者那些时间紧张的入学者，超过90%的商学院会提供10~15个月内完成的速成项目。根据2009年的数据，参加这些项目的学生的年龄的中位数大约是29岁，比典型的两年制项目的学生年龄还高一点。

延迟入学：哈佛商学院和斯坦福大学商学院都为大学生提供延迟入学的项目。申请者可以在大学本科第四学年时就提出申请，被录取之后，学生在正式入学之前应该获得至少两年的工作经验。我们特别提到这些项目，是因为它们可以满足非商务专业学生的需要。哈佛商学院非常欢迎那些拥有理工科专业背景的申请者。

4+1 BA/MBA：在本科的第四学期，你的学校可能允许你开始上MBA课程，在获得学士学位后的一年时间里完成这个课程可以为你节省一年的研究生学费。

MBA晚班和周末班：如果你既想学MBA课程，又想兼顾工作，那么，这些项目可以让你在工作之余学习MBA课程。

结 束 语

STEM专业学位可以为你打开不同职业的大门。虽然某些专业的学位更加适用于特定工作，几乎所有的STEM专业都可以让你具备更强的分析能力和逻辑思考能力。在现实世界中，这些能力是非常有价值的，并且适用于许多不同的职业。

第八章 结语

我们希望本书中的内容能够帮助你完成你的大学目标：利用好时间（第二章），学好STEM学科课程（第三章），选择适合自己的专业（第四章），获得成果丰富的研究经验（第五章），为毕业后的生活做好准备（第六、七章）。

但是坦白地说，大学生活中最珍贵的记忆不是你参加的某场考试，而是你和你室友之间的深夜"卧谈会"、留在城里的那个难忘的夜晚或者完全改变你世界观的某个课程。大学四年是人生中最美好的时光，人们这么说是有理由的。大学可能是你发现自我的旅程，结交终生挚友的机会，开启新冒险之旅的跳板，这完全取决于你怎么做。

在结束之前，我们还要提出六条建议，以帮助你最大限度地从大学获益。

选修本专业之外的 STEM 课程

2003年，保罗·劳特布尔博士因参与发明了核磁共振成像技术（MRI）而被授予诺贝尔奖，这项技术现今被放射科医师广泛用来检测人体的内部器官。从这项发明的属性来看，你或许认为他是一名生理学家或者内科医师。实际上，他是一名化学家。他坚信学科的交叉性，并将一项曾被视为属于化学领域的工具发展成为解决医疗难题的工具。在发表诺贝尔奖获奖致辞之前，劳特布尔还拿他作为一名化学家居然获得了生理学或医学奖的事打趣儿。然后，他继续说道，科学被划分成不同领域是出于行政管理的需要，不同的科学分支不是"具有严格界限且不可更改的自然分类"。

不同学科之间的界限是流动的。为了更好地理解你所在的科学领域和通识科学，请翻一翻劳特布尔的书，选修一两门其他 STEM 专业的中高等课程。利用这些机会，你可以开始将看起来迥然不同的概念连接起来，研制新的解决问题的工具。

了解人文及社会科学

大学为你提供了开阔视野和学习更多你想要了解的事物的机会。如果可以的话，请花些时间拓展自己，学习不同的人文、社科课程。这可能是最后一个可以让你有众多课程选择的机会。所以，要享受这个时期，学些新东西。

密歇根大学一位名叫西德尼的神经学专业学生曾说过："不管你是选择继续深造还是选择工作，本科毕业后，你的关注面都会变得越来越窄。不要坚持那些你不感兴趣的事情,要毫不犹豫地去尝试那些令你感兴趣而且尚有机会尝试的事情。"

学习如何沟通想法

麻省理工学院有这样一句谚语:"不能写作的工程师只能为会写作的工程师工作。"你或许以为学好STEM学科与优秀的交流沟通技巧没什么关系,但事实上,这些技巧是必备技能。科学家和工程师必须能够向其同事、学生和公众解释复杂的问题,必须能够说服他人理解其发现的重要性。如果不能进行有效的分享,即使最伟大的发现也难以获得进展。

例如,匈牙利医师伊格纳茨·塞麦尔维斯在19世纪就发现常洗手可以抑制疾病的传播。这个主张现在看来是毫无疑问的;然而,塞麦尔维斯没能说服与他同时代的医疗机构去认真对待他的观点,部分原因是他没有说服他的同事,没有审慎地向外阐述他的想法。直到多年以后,其他更懂得阐释的科学家通过努力,才得以让全世界信服细菌致病理论的正确性以及洗手的价值。所以,说服他人与保持正确同样重要。

想要提升自己的沟通能力,上写作课或者参加课外活动都是可行的。许多大学会创办本科科学期刊,以帮助学生提高写作能力,使他们能够将复杂的概念写成简明的文章,向更多的受众讲述科学发现的重要性。发表作品给你提供的是巩固课堂所学知识的机会,为你营造受支持的、低风险的环境,你可以通过在经验丰富的同辈编辑手下工作提高写作能力。

假如你的学校没有本科科学期刊,那么可以考虑申请学生社团基金来成立一个,或者在校园新闻上发表科学主题的文章;还可以浏览研究博客和汇集全国大学生作品的本科期刊，例如《青年科学家期刊》。

参加科学讲座和研讨会

STEM 专业的入门课程和中级课程涵盖了已经被学术界广泛接受的论题和观点。而另一方面，科学讲座和研讨会可以让你了解自己所在领域最前沿的研究。

在研讨会上，你定会发现科学家们在阐释的是其多年来的研究工作。这些新发现要么被他们的同事所摒弃，要么被推崇，这取决于这些发现能否在未来的实验中产生成果或者有意义。通过参加研讨会，你可以发现自己希望加入的实验室或者你想了解更多的研究课题。如果你碰巧遇到一个引人入胜的研究展示，你可以在研讨会结束之后找研究者谈谈。介绍自己并告诉对方你对该领域感兴趣。很有可能，你是为数不多的，或许可能是唯一的敢接近讲演者的本科生。

参与长期的业余项目

效率大师和计算机系教授卡尔·纽波特在他的《赢在大学》一书中写道，学生应该利用课余时间"经常参与'大项目'"。正如第七章所言，大学期间学生拥有充裕的时间和丰富的资源可供支配，因而大学是他们开创新事业的最佳之地。学生可以利用参与项目的机会，出版自己的研究成果，将创业班的作业任务发展成商业项目，或者为进法学院准备完美的申请材料。所以，在攻读学位的同时，试着朝你的大目标一步步前进。

从容面对挫折

进入大学之后,你将面对更加厉害的竞争对手。你必须与他们争夺奖学金、工作和实习的机会,以及领导位置。作为一名大学生,你最不缺乏的就是挑战,还有失败。

这完全正常。

当你向边界推进时,你的极限就会出现。在理想情况下,挫折会让你看清自身的弱点和如何确定自我价值。假如你能坦诚以待,视挫折为成长的弹跳板,那么,未来你能够更好地应对大学期间和之外的挑战。

我们采访了拉法耶特学院一位地质专业的学生克里斯,在面对挫折时,他说:"弄清失望的原因和判断感到失望是否明智很重要,然后制订行动计划。"如果你已经意识到失望源自某件不现实的事情(例如,未获得全班最高的绩点),那么你应该对目标进行修改。但是,假如你的目标仍是现实可行的,那么你可以利用挫折认清自己所到达的位置,并制订新的计划。

> **学生经验之谈**
>
> 您最后还有什么话想对STEM专业学生说?
>
> 参与校内活动!你会发现有些事情非常好玩儿,你或许还不知道。
>
> 阿尔文(哈佛大学)
>
> 对我而言,参与是大学里最重要的事情,比获得一个好绩

点更为重要。大学应该是人生中最美好的4年,记住这一点,你才不会后悔。学习要刻苦,要讲究效率,但是也别忘记多多参与学校活动和社交活动。

罗伯特(西北大学)

尽早开始。如果你对研究感兴趣,就应该开始联系院系里的老师,了解他们的研究,问问你能否以某种方式参与。老师们都很忙。要让他们看到你很积极,愿意勤奋学习,这会让你走得更远。

丹尼尔(斯坦福大学)

要广交好友,不要害怕认识新同学。如此,即使作业及任务很困难,你也会获得很多乐趣,而且很多时候,大家一起的话,作业及任务完成得更快。还有,多和高年级的学生交流,看看他们有什么毕业后的计划。当你开始思考从事什么职业时,了解获得本学位的学生有哪些去向对你很有用,听听那些与你情况一样的人的真实想法对你本科学习的方方面面都很有帮助。

科林(达特茅斯学院)

结 束 语

在你接受大学教育的同时,请继续将本书作为你思考专业、研究和未来职业的参考。现在,你已经了解一些你将会在大学期间遇到的很多困难,我们相信你可以利用自己已掌握的知识克服这些困难。